토픽으로 잡는

똑똑한

초등 독해 11권

KB071625

웅진주니어

독해력은 새로운 정보와 지식을 받아들이는 도구로서 학습 능력을 좌우하는 중요한 능력이에요. 단순히 글자를 읽는 것이 아니라 글에 담긴 글쓴이의 의도를 파악하고, 글을 통해 알게 된 내용을 생활에 활용하는 능력까지 포함해요. 독해력의 바탕은 세 가지예요. 첫째, 어휘력이에요. 어휘는 글의 기본 요소로, 어휘의 뜻을 모르면 글의 내용을 알 수 없어요. 따라서 어휘를 많이 알수록 독해력이 좋아져요. 둘째, 배경지식이에요. 배경지식이 풍부하면 글에 숨겨진 의도와 생각을 짐작할 수 있어, 글을 더 재미있고 효과적으로 읽을 수 있어요. 셋째, 글의 종류에 적합한 읽기 방법이에요. 글의 갈래에 따라 주제를 찾는 방법도 다르기 때문에 갈래마다 알맞은 읽기 방법을 알아야 해요. 「토픽으로 잡는 똑똑한 초등 독해」는 어휘, 배경지식, 갈래에 따른 읽기 방법을 익힐 수 있도록 구성했어요.

이 책의 특징

① 읽고, 이해하고, 알아 가는 즐거움이 있는 새로운 독해 프로그램!

낱낱의 주제를 가진 지문을 읽고 문제를 푸는 방식에서 벗어나 하나의 토픽을 중심으로 다양한 영역의 지문을 담았습니다. 토픽을 다양한 관점에서 살펴보고, 탐색하는 과정에서 읽고, 이해하고, 알아 가는 즐거움을 느낄 수 있어요.

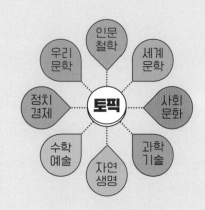

② 호기심을 자극하는 토픽으로 교과를 넘어 교양까지!

국어, 수학, 사회, 과학 등의 교과와 추천 도서에서 뽑은 인문, 철학, 사회, 문화, 자연, 과학, 수학, 예술 등 여러 영역을 아우르는 토픽을 통해 교과 지식은 물론 폭넓은 교양을 쌓을 수 있어요.

함께 공부할 친구들

하트
자연을 사랑하고
마음이 따뜻한 다정이

부키
항상 책을 끼고 다니며,
정보를 모으는 수집가

뉴뉴
신기하고 새로운 것을
좋아하는 호기심쟁이

스타
세상에서 음악과 친구가
제일 좋은 열정쟁이

드림
세상의 모든 아름다움을
마음에 담고 싶은 예술쟁이

꼬리에 꼬리를 물고 이어지는 글을 읽으며
독해력, 사고력, 표현력을 한 번에!

꼬리 물기 질문을 통해 독해 포인트를 알고 효과적으로 글을
읽을 수 있어요. 또 토픽에 대한 생각을 글로 표현하며 독해
력과 사고력, 표현력을 키울 수 있어요.

글의 종류에 알맞은 핵심 질문을 통해
어떤 글도 자신 있게!

신화, 고전, 명작 등의 문학 글과 설명문, 논설문, 편지, 일기 등
의 비문학 글까지 다양한 형식의 글을 접하고 읽는 즐거움을
경험해요. 여러 형식의 문제를 풀며 어떤 글이든 읽어 내는 자
신감을 키워요.

독해력의 기초인 어휘력을 탄탄하게!

한자어, 합성어, 파생어, 유의어, 반의어, 상·하의어처럼 어휘
관계를 통해 어휘를 익히고, 관용 표현, 맞춤법도 배워요.

이렇게 공부해요!

1단계 흥미로운 토픽으로 생각의 문을 열다!
토픽에 관련한 다양한 질문을 읽으며 배경지식을 활성화하고, 학습 계획을 세워요!

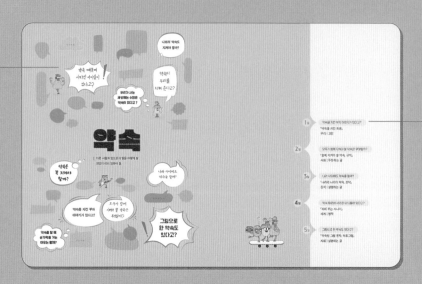

질문을 읽으며 토픽에 대해 알고 있는 것을 떠올려 봐! 아는 것을 많이 떠올릴수록 글을 더 잘 읽을 수 있어!

날마다 읽게 될 글의 갈래와 제목을 살펴보며 공부 계획을 세워 봐!

2단계 질문에 대한 답을 찾으며 생각을 키우다!
읽기 목표에 따라 글을 읽고, 질문을 통해 갈래에 알맞은 읽기 방법을 배워요!

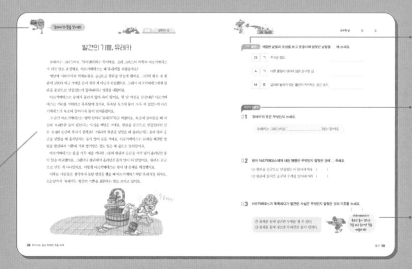

글에서 꼭 살펴야 할 내용이 무엇인지 먼저 보고, 읽기의 목표를 세워 봐!

글의 중심 내용이 무엇인지 생각하며 차근차근 글을 읽어 봐!

뜻풀이를 보며 어휘를 맞혀 봐! 초성을 보면 쉽게 답을 찾을 수 있어!

글의 갈래에 따라 꼭 알아야 할 것을 묻는 문제야. 질문에 대한 답을 찾으며 독해력을 키워 봐!

곳곳에 도움을 주는 친구가 있어! 친구가 하는 말을 읽으면 문제가 술술 풀릴 거야!

3단계 다양한 어휘 활동과 토픽 한 줄 정리로 생각을 넓히다!

독해력의 기초인 어휘력을 탄탄히 다지고, 내 생각을 글로 표현해요!

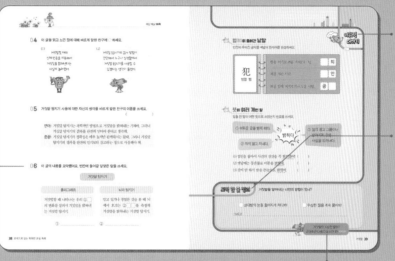

어휘력을 키우는 다양한 활동이 있어. 힌트를 보며 문제를 풀고, 어휘와 뜻을 큰 소리로 읽어 봐!

토픽에 관한 네 생각을 써 봐! 날마다 생각을 쓰는 연습을 하면 표현력도 쑥쑥 자랄 거야!

마지막 문제는 글의 내용을 정리하는 요약하기야. 빈칸을 채워 글을 완성하고, 큰 소리로 읽어 봐! 글의 내용을 기억하는 데 도움이 될 거야!

다음에 이어질 글의 내용을 짐작해 봐! 그리고 내가 짐작한 내용과 실제 글의 내용을 비교해 봐!

4단계 스스로 학습을 점검하며 생각을 다지다!

내가 알고 있는 것과 모르는 것을 구분하는 메타 인지를 훈련해요!

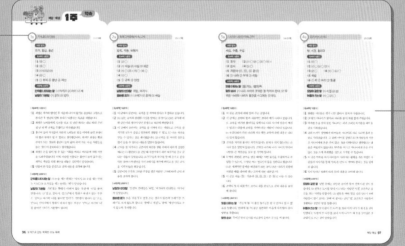

내가 쓴 답과 정답을 비교해 봐!

문제에 대한 자세한 풀이가 있어. 내가 제대로 풀지 못한 문제는 무엇이고, 답이 왜 틀렸는지 생각해 봐!

|차례|

1주 행복

파랑새	10
작지만 확실한 행복 찾기	14
내 복에 산다	18
돈과 행복	22
행복해지는 방법	26

2주 교통수단

좁쌀 한 톨로 장가간 총각	32
바퀴와 수레에서 자동차까지	36
비행기를 만든 라이트 형제	40
세계 일주, 어떻게 할까?	44
꿈의 열차, 하이퍼루프	48

보물섬	54
지도야, 고마워	58
지도에 쓰인 약속	62
<대동여지도>를 만든 김정호	66
오늘날의 지도	70

3주
지도

홍길동전	76
식량 불평등은 왜 생길까?	80
로자 파크스, 불평등에 맞서다	84
불평등이 사라진다면?	88
양성평등 사회, 우리가 만들어요	92

4주
불평등

행복을 느끼는
순간은 언제일까?

돈이
많으면
행복할까?

행복은
멀리 있을까?

행복

| 생활에서 충분한 만족과 기쁨을 느끼어 흐뭇함.

행복하다는
감정은
어떤 걸까?

행복해지기 위해
노력해야 할까?

내가
행복하다는 것을
어떻게 알 수 있을까?

불행을 행복으로
바꿀 수 있을까?

스스로
행복을 찾을
수 있을까?

1일   행복은 멀리 있을까?

「파랑새」
세계 | 명작

2일   행복을 느끼는 순간은 언제일까?

「작지만 확실한 행복 찾기」
사회 | 설명하는 글

3일   스스로 행복을 찾을 수 있을까?

「내 복에 산다」
우리 | 전래

4일   돈이 많으면 행복할까?

「돈과 행복」
사회 | 토론문

5일   행복해지기 위해 노력해야 할까?

「행복해지는 방법」
인문 | 연설문

파랑새

깊은 산속에 나무꾼 가족이 살고 있었어요. 나무꾼에게는 아이들이 있었는데 오빠는 틸틸, 동생은 미틸이었어요. 어느 날 밤, 틸틸과 미틸에게 요정이 찾아왔어요.

"사람들에게 행복을 주는 파랑새를 찾고 있어. 아픈 아이가 있는데 파랑새가 있으면 나을 수 있단다. 너희가 파랑새를 찾아 주겠니?"

틸틸과 미틸은 요정의 부탁을 들어주기로 했어요. 요정은 두 아이를 기억의 나라로 보냈어요. 그곳에서 틸틸과 미틸은 돌아가신 할머니, 할아버지를 만나 즐거운 시간을 보내고 파랑새를 한 마리 얻었어요. 그런데 돌아오는 길에 파랑새가 까맣게 변해 버렸어요. 아이들이 실망하자 요정이 말했어요.

"밤의 궁전으로 가서 다시 파랑새를 찾아보렴."

밤의 궁전 정원에는 파랑새가 많았어요. 틸틸과 미틸은 그 가운데 한 마리를 잡아 새장에 넣었어요. 하지만 그 새는 곧 죽어 버렸어요.

"어둠 속에서만 사는 새를 잡아서 그런 거란다. 숲의 나라로 가 보렴."

숲의 나라에서는 나무들이 틸틸과 미틸을 보자 화를 내며 소리쳤어요.

"나무꾼의 아이들을 도와줄 수는 없어. 여기서 당장 나가!"

틸틸과 미틸은 쫓기듯 숲을 빠져나왔어요. 둘은 행복의 궁전, 미래의 궁전으로 갔지만 파랑새를 찾지 못했어요. 힘없이 집으로 돌아온 남매는 깊은 잠에 빠져들었어요.

다음 날 아침, 틸틸은 새장 속의 새를 보고 깜짝 놀랐어요.

"미틸, 저기 좀 봐. 파랑새야! 우리가 기르던 멧비둘기가 파랑새였어!"

그때, 이웃집 할머니가 찾아왔어요.

"우리 딸이 마음의 병을 앓고 있어. 새를 갖고 싶다고 하도 졸라 대서……"

틸틸은 파랑새가 든 새장을 할머니께 건넸어요.

"이 새를 가져가세요."

얼마 후, 할머니는 딸을 데리고 다시 찾아왔어요.

"기적이 일어났어! ㉠ "

할머니는 기뻐서 소리쳤어요. 할머니의 딸은 행복한 표정을 짓고 있었어요.

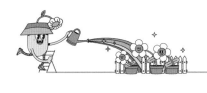

어휘 알기 색칠한 낱말과 초성을 보고 뜻풀이에 알맞은 낱말을 ＿＿에 쓰세요.

| ㅇ | ㄷ | 병에 걸려 고통을 겪다. |

＿＿＿＿＿＿＿＿＿＿＿＿＿＿＿＿

| ㄱ | ㅈ | 상식으로는 생각할 수 없는 기이한 일. |

＿＿＿＿＿＿＿＿＿＿＿＿＿＿＿＿

| ㅅ | ㅁ | 바라던 일이 뜻대로 되지 않아 마음이 몹시 상함. |

＿＿＿＿＿＿＿＿＿＿＿＿＿＿＿＿

독해력 기르기

01 요정이 틸틸과 미틸에게 부탁한 일은 무엇인지 빈칸에 알맞은 말을 쓰세요.

아픈 아이를 위해 ☐ ☐ ☐ 를 찾는 일

02 틸틸과 미틸이 각 장소에서 겪은 일을 찾아 선으로 이으세요.

(1) 기억의 나라 ・

(2) 밤의 궁전 ・

(3) 숲의 나라 ・

・(가) 파랑새를 잡았지만 금방 죽어 버렸다.

・(나) 나무들에게 쫓겨났다.

・(다) 돌아가신 할머니와 할아버지를 만났다.

03 이 글의 내용으로 알맞으면 ○, 알맞지 않으면 ✕ 하세요.

(1) 틸틸과 미틸은 행복의 궁전에서 파랑새를 찾았다. (　)

(2) 이웃집 할머니가 아픈 딸을 위해 파랑새를 가져갔다. (　)

04 ㉠에 들어갈 말로 알맞은 것에 ◯ 하세요.

(1)
파랑새가
날아가 버렸어!

(2)
파랑새가
비둘기가 되었어!

(3)
우리 딸의 병이
나았어!

05 이 글을 읽고 생각한 점을 바르게 말한 친구에 ◯ 하세요.

(1)
마음의 병을 앓던 아이가
파랑새 덕분에 행복해졌어.
요정이 말한 것처럼
이 이야기에서 파랑새는 행복을
의미하는 것 같아.

(2)
틸틸과 미틸은 욕심을
부리다 결국 파랑새를 찾지
못했어. 이 이야기는 욕심을
부리면 행복을 찾을 수 없다는
걸 말하는 것 같아.

06 이 글의 내용을 요약했어요. 빈칸에 들어갈 알맞은 말을 쓰세요.

틸틸과 미틸 남매는 ①◻◻의 부탁으로 아픈 아이를 낫게 해 줄 파랑새를
찾으러 갔다. 남매는 기억의 나라, 밤의 궁전, ②◻의 나라, 행복의 궁전, 미래
의 궁전으로 파랑새를 찾으러 다녔지만 찾지 못하고 집으로 돌아왔다. 다음 날
아침, 틸틸과 미틸은 자신들이 기르던 새가 파랑새인 것을 보고 깜짝 놀랐다.
그때 이웃집 할머니가 찾아와 아픈 딸을 위해 파랑새를 가져가고, 파랑새 덕분
에 병이 나은 할머니의 딸은 ③◻◻한 표정을 지었다.

① _____   ② _____   ③ _____

📖 이름을 나타내는 말

가족 관계를 나타내는 말을 보고 빈칸에 알맞은 말을 쓰세요.

| 형제 | 자매 | 남매 |

📖 뜻이 비슷한 말

밑줄 친 말과 뜻이 비슷한 말을 찾아 선으로 이으세요.

(1) 고양이를 <u>기르다</u>. •

(2) 부탁을 <u>들어주다</u>. •

(3) 선물을 <u>건네다</u>. •

• (가) 주다

• (나) 키우다

• (다) 받아들이다

토픽 한 줄 정리

행복은 가까운 곳에 있대. 너의 파랑새는 어디에 있니?

나의 파랑새는 _____

_____ 에 있어!

 작지만 확실한 행복에 대해 알고 있니?
궁금하면 다음 장을 넘겨 봐! >>>>>

작지만 확실한 행복 찾기

'작지만 확실한 행복'이란 말을 들어 봤나요? 이 말은 일본의 유명 작가가 쓴 책에서 나왔어요. 작가는 갓 구운 빵을 손가락으로 뜯어 먹을 때, 새로 산 셔츠를 입을 때, 서랍 안에 속옷이 가지런히 정리된 것을 볼 때 등 일상생활의 작은 부분에서 행복을 느낀다고 했어요.

많은 사람들이 이것에 공감하면서 작은 행복을 찾는 일이 유행처럼 번지기 시작했어요. 캠핑을 가서 밤하늘의 별을 보는 것으로 행복을 느끼는 사람, 반려 식물이 무럭무럭 자라는 것을 보며 즐거움을 느끼는 사람, 좋아하는 간식을 먹을 때 행복해지는 사람 등 저마다 행복을 느끼는 순간이 다르지요.

그동안 사람들은 '행복' 하면 주로 결혼이나 출산, 중요한 시험에 합격하는 것처럼 인생에서 맞이하는 큰일을 떠올렸어요. 하지만 그런 일은 살면서 몇 번 되지 않아요. 그런데 소소한 행복은 누구나 쉽게 찾을 수 있어요. 그래서 많은 사람들이 크고 불확실한 행복보다 작은 행복을 좇는 거예요.

나만의 '작지만 확실한 행복'이 있나요? 없다면 지금부터 찾아보세요. 일상에서 얻는 작은 행복을 통해 더 큰 행복을 찾을 수 있을 거예요.

어휘 알기 색칠한 낱말과 초성을 보고 뜻풀이에 알맞은 낱말을 ____에 쓰세요.

| ㅊ | ㅅ | 아이를 낳음.

_____

| ㅈ | ㄷ | 목표, 꿈, 행복 따위를 추구하다.

_____

| ㅅ | ㅅ | ㅎ | ㄷ | 작고 대수롭지 아니하다.

_____

독해력 기르기

01 이 글에서 가장 중심이 되는 말은 무엇인가요? (   )

① 책   ② 행복   ③ 결혼
④ 유행   ⑤ 생활

02 이 글을 쓴 목적으로 알맞은 것에 ○ 하세요.

(1) 유명한 사람들이 말한 행복의 의미를 소개하기 위해서   (   )

(2) 크고 불확실한 행복을 추구해야 한다고 주장하기 위해서   (   )

(3) 일상생활에서 찾을 수 있는 작지만 확실한 행복에 대해 알려 주기 위해서

(   )

03 이 글에 나온 '작지만 확실한 행복'의 예가 <u>아닌</u> 것은 무엇인가요? (   )

① 반려 식물을 키우는 일

② 결혼을 하거나 아이를 낳는 일

③ 캠핑을 가서 밤하늘의 별을 보는 일

④ 갓 구운 빵을 손가락으로 뜯어 먹는 일

⑤ 서랍 안에 속옷이 가지런히 정리된 것을 보는 일

04 이 글에서 사람들이 작은 행복을 좇는 까닭이 무엇이라고 했나요? 알맞은 내용에 ○ 하세요.

(1) 큰 행복을 얻을 능력이 안 되기 때문에 ( )

(2) 남들보다 조금 특별해 보일 수 있기 때문에 ( )

(3) 작은 행복은 일상에서 누구나 쉽게 찾을 수 있기 때문에 ( )

05 이 글을 읽고 생각하거나 알게 된 점을 바르게 말한 친구에 ○ 하세요.

(1) 사람들이 행복을 느끼는 순간은 거의 같다는 것을 알게 되었어.

(2) 행복은 일상의 작은 일에서도 찾을 수 있구나. 나도 그런 행복을 찾아볼래.

06 이 글의 내용을 요약했어요. 빈칸에 들어갈 알맞은 말을 보기 에서 찾아 쓰세요.

> 보기
> 쉽게   확실한   다르다

'작지만 ①◻◻◻ 행복'은 일본의 유명 작가의 책에서 나온 말로 일상생활의 작은 부분에서 느끼는 행복을 말한다. 사람들마다 행복을 느끼는 순간이 다 ②◻◻◻. 소소한 행복은 ③◻◻ 찾을 수 있기 때문에 사람들은 크고 불확실한 행복보다 작지만 확실한 행복을 좇는다.

① _____ ② _____ ③ _____

뜻이 비슷한 말

글자를 이용해 밑줄 친 말과 뜻이 비슷한 말을 만들어 쓰세요.

작 다
구 하
추
삼 은

(1) 확실한 행복을 <u>좇다</u>.

□ □ □ □

(2) <u>소소한</u> 문제에 관심을 가지다.

□ □

(3) 결혼은 <u>인생</u>에서 중요한 일이다.

□

 뜻이 여러 개인 말

밑줄 친 말이 어떤 뜻으로 쓰였는지 번호를 쓰세요.

② 병이나 불, 전쟁 등이 차차 넓게 옮아가다.

① 액체가 묻어서 차차 넓게 젖어 퍼지다.

 번지다

③ 풍습, 풍조, 불만 등이 어떤 사회 전체에 차차 퍼지다.

(1) 산불이 바람을 타고 빠르게 <u>번졌다</u>.　　　(　　)

(2) 소소한 행복을 찾는 일이 유행처럼 <u>번지고</u> 있다.　(　　)

(3) 스케치북에 물감이 <u>번져</u> 특이한 무늬가 만들어졌다.　(　　)

토픽 한 줄 정리　너만의 '작지만 확실한 행복'이 있니?

□ 있어!　나는 _____ 때 행복해.

□ 없어!　만약 찾는다면 _____

 스스로 행복을 찾은 인물의 이야기가 있대.
궁금하면 다음 장을 넘겨 봐! >>>>>

내 복에 산다

옛날에 딸 셋을 둔 부자 영감이 살았어. 하루는 영감이 딸들을 불러 물었지.

"너희는 누구 덕에 이리 잘사느냐?"

첫째 딸과 둘째 딸은 아버지 덕이라고 대답했어. 그런데 막내딸은 달랐어.

"저는 제 복에 삽니다."

"뭐라고? 어디 네 복대로 한번 살아 봐라."

화가 난 영감은 막내딸을 내쫓았어. 막내딸은 보따리를 들고 터덜터덜 산길을 걸었어. 얼마쯤 걸으니 다 쓰러져 가는 오두막이 나왔어. 숯 굽는 총각이 늙은 어머니를 모시고 사는 집이었지. 막내딸은 그 집에서 밥을 얻어먹고 살림을 거들다가 총각과 혼인했어.

하루는 막내딸이 남편이 일하는 숯가마에 가 보았어. 그런데 숯가마를 쌓은 돌이 번쩍번쩍 빛나고 있지 뭐야.

"세상에! 이게 모두 금덩이네!"

막내딸은 남편에게 금을 장에 내다 팔자고 말했어.

"가만히 앉아 있으면 금을 사겠다는 사람이 나타날 거예요. 얼마냐고 묻거든 그저 값 대로만 쳐 달라고 하세요."

그렇게 날마다 금을 내다 파니 막내딸네는 금세 부자가 되었어.

한편, 막내딸을 내쫓은 영감은 어찌 된 일인지 재산이 줄기 시작하더니 얼마 후 쫄딱 망하고 말았어. 영감은 이곳저곳을 떠돌며 밥을 빌어먹다가 막내딸의 집까지 오게 되었어. 막내딸은 거지꼴이 된 영감을 와락 끌어안았어.

"아버지, 이게 어찌 된 일입니까?"

영감은 막내딸을 알아보고 이렇게 말했어.

"너는 네 복에 이리 잘살고 있구나. 네 말이 맞았다."

그 뒤 막내딸은 아버지를 모시고 행복하게 살았단다.

어휘 알기 색칠한 낱말과 초성을 보고 뜻풀이에 알맞은 낱말을 ____에 쓰세요.

ㅂ 삶에서 누리는 좋고 만족할 만한 행운. 또는 거기서 얻는 행복.

_____

ㅎ ㅇ 남자와 여자가 부부가 되는 일.

_____

ㅂ ㅇ ㅁ ㄷ 남에게 구걸하여 거저 얻어먹다.

_____

독해력 기르기

01 이 글에서 가장 중심이 되는 인물은 누구인가요? (   )

① 부자 영감   ② 첫째 딸   ③ 둘째 딸

④ 막내딸   ⑤ 숯 굽는 총각

02 막내딸이 집에서 쫓겨난 이유는 무엇인지 빈칸에 들어갈 알맞은 말을 쓰세요.

누구 덕에 잘사느냐는 아버지의 물음에 자기 ☐ 에 산다고 말해서

03 이 글의 내용으로 알맞으면 ○, 알맞지 않으면 ✕ 하세요.

(1) 막내딸은 숯 굽는 총각과 결혼했다.   (   )

(2) 막내딸은 남편의 숯가마가 금덩이로 만들어진 것을 보았다. (   )

(3) 막내딸은 남편 몰래 숯가마에서 금을 빼내 팔았다.   (   )

(4) 막내딸은 부자가 되어 자신을 내쫓은 아버지를 찾아갔다.   (   )

04 이 글을 읽고 막내딸에 대해 바르게 말한 친구에 ◯ 하세요.

(1)
자신의 뜻대로 살아가는 모습이 당당해 보여.

(2)
상대방의 기분을 맞춰 주려고 자기 생각을 드러내지 않는 모습에서 배려심이 느껴졌어.

(3)
자신이 행복하지 못한 이유를 다른 사람 탓으로 돌리다니, 어리석어 보여.

05 이 글의 교훈으로 알맞은 것은 무엇인가요? (　　　)

① 부모님의 말씀을 잘 따라야 한다.

② 자식의 행복은 부모가 결정짓는다.

③ 부자가 되어야 남에게 인정받는다.

④ 게으름을 피우지 말고 부지런하게 살아야 한다.

⑤ 자신의 삶과 행복은 스스로 만들어 가는 것이다.

06 이 글의 내용을 요약했어요. 빈칸에 들어갈 알맞은 말을 쓰세요.

> 부자 영감이 딸들을 불러 누구 덕에 잘사느냐고 물었다. 첫째와 둘째 딸은 아버지 덕이라고 말했지만 ①◻◻◻은 자기 복에 산다고 말해 집에서 쫓겨났다. 막내딸은 ②◻ 굽는 총각의 집에서 살림을 돕다 총각과 혼인했다. 어느 날 막내딸은 남편의 일터에서 숯가마가 ③◻덩이로 만들어진 것을 보고 남편과 금을 팔아 부자가 되었다. 한편 부자 영감은 쫄딱 망해 이곳저곳을 떠돌다 막내딸의 집까지 오게 되었다. 영감은 부자가 되어 잘사는 막내딸을 보고 예전에 막내딸이 한 말이 옳았음을 인정했다.

① _____　　　② _____　　　③ _____

낱말의 관계

비슷한말에는 =, 반대말에는 ↔ 기호를 쓰세요.

혼인 ◯ 결혼	거들다 ◯ 돕다
망하다 ◯ 흥하다	빌어먹다 ◯ 얻어먹다

꾸며 주는 말

빈 곳에 들어갈 알맞은 꾸며 주는 말을 찾아 선으로 이으세요.

(1) 다리에 힘이 풀려 _____ 걸었다. •

(2) 부자는 욕심을 부리다 _____ 망했다. •

(3) 반가운 마음에 동생을 _____ 껴안았다. •

• (가) 와락

• (나) 터덜터덜

• (다) 쫄딱

토픽 한 줄 정리

막내딸이 가진 복은 무엇일까?

☐ 착한 마음씨   ☐ 두려워하지 않는 용기   ☐ 자기 일을 스스로 하려는 태도

☐ 어려움을 해결하는 지혜   ☐ _____

 돈과 행복의 관계에 대해 생각해 본 적이 있니?
궁금하면 다음 장을 넘겨 봐! >>>>>

돈과 행복

민우 행복과 돈은 어떤 관계에 있다고 생각하세요? 오늘은 '   ㉠   ' 라는 주제로 이야기를 나눠 보겠습니다.

준서 저는 돈이 많을수록 더 행복해질 수 있다고 생각합니다. 사람이 살아가는 데 기본적으로 필요한 옷과 음식, 집을 얻으려면 돈이 필요합니다. 의식주뿐만 아니라 좋은 교육을 받으려면 돈이 있어야 하고, 여행을 가려고 해도 돈이 필요합니다. 아플 때는 말할 것도 없습니다. 돈이 없어 병원에 가지 못해 건강을 해치게 되면, 결코 행복할 수 없습니다. 돈이 많을수록 더 다양한 선택을 할 수 있고, 풍족하게 살 수 있습니다. 따라서 돈이 많을수록 행복해질 수 있다고 생각합니다.

유라 저는 꼭 그렇지는 않다고 생각합니다. 기본적인 생활을 하기 위해 돈이 필요한 것은 맞지만 행복을 돈으로 따질 수는 없습니다. 돈으로는 살 수 없는, 중요한 것이 더 많기 때문입니다. 친구를 생각해 보세요. 돈이 많다고 진정한 친구를 살 수 있을까요? 큰돈을 버느라 가족과 함께하는 시간이 없다면 과연 행복할까요? 돈은 행복을 위한 수단일 뿐입니다. 따라서 돈이 많다고 꼭 행복한 것은 아니라고 생각합니다.

어휘 알기 색칠한 낱말과 초성을 보고 뜻풀이에 알맞은 낱말을 ___에 쓰세요.

| ㅅ | ㄷ | 어떤 목적을 이루기 위한 방법. _____

| ㅇ | ㅅ | ㅈ | 옷과 음식과 집을 통틀어 이르는 말. _____

| ㅍ | ㅈ | ㅎ | ㄷ | 매우 넉넉하여 부족함이 없다. _____

독해력 기르기

01 ㉠에 들어갈 토론 주제로 알맞은 것은 무엇인가요? (   )

① 돈을 꼭 벌어야 할까?

② 돈이 많아야 행복할까?

③ 친구가 많아야 행복할까?

④ 시간을 돈으로 살 수 있을까?

⑤ 행복을 찾기 위해 노력해야 할까?

02 이 글에서 민우의 역할은 무엇인지 알맞은 것을 골라 기호를 쓰세요. (   )

㉮ 토론을 듣기 위해 참석한 사람

㉯ 토론 주제를 알려 주고, 토론을 진행하는 사람

㉰ 토론에 직접 참여하여 찬성, 혹은 반대 의견을 주장하는 사람

03 이 글의 내용으로 알맞으면 ◯, 알맞지 않으면 ✕ 하세요.

(1) 준서와 유라는 서로 반대되는 주장을 펼치고 있다.   (   )

(2) 준서는 돈이 많다고 꼭 행복한 것은 아니라고 주장한다.   (   )

(3) 유라는 돈이 많을수록 더 행복해질 수 있다고 주장한다.   (   )

04 다음 각 주장의 근거로 알맞은 내용을 찾아 선으로 이으세요.

(1) 돈이 많을수록 더 행복해질 수 있다. •

• (가) 돈이 많으면 다양한 선택을 할 수 있고 풍족하게 살 수 있다.

(2) 돈이 많다고 꼭 행복한 것은 아니다. •

• (나) 친구나 가족 등 돈으로 살 수 없는 중요한 것도 많다.

05 다음은 준서와 유라 중 누구의 의견을 뒷받침할 수 있는 자료인가요? 알맞은 친구의 이름을 쓰세요. ( )

한 연구에 따르면, 의식주 등 기본적인 생활을 유지할 정도의 경제력이 있으면 돈을 얼마나 버느냐는 사람들의 행복에 큰 영향을 미치지 않는다고 한다. 오히려 스스로 행복하다고 느끼는 긍정적인 삶의 태도가 행복을 결정짓는 큰 요인이라고 한다.

06 이 글의 내용을 요약했어요. 빈칸에 들어갈 알맞은 말을 쓰세요.

① ☐이 많아야 행복할까?

돈이 많을수록 더 행복해질 수 있다.

돈이 많을수록 더 다양한 선택을 할 수 있고 ②☐☐하게 살 수 있기 때문이다.

돈이 많다고 꼭 행복한 것은 아니다.

친구나 ③☐☐처럼 돈으로 살 수 없는 중요한 것도 많기 때문이다.

① _____ ② _____ ③ _____

뜻이 비슷한 말

밑줄 친 말과 뜻이 비슷한 말에 ○ 하세요.

(1) 생활이 풍족하다.　　부족하다　　넉넉하다　　말끔하다

(2) 진정한 친구를 찾다.　　참된　　재밌는　　오래된

(3) 말은 자신의 생각을 표현하는 수단이다.　　선물　　물건　　방법

뜻이 여러 개인 말

밑줄 친 말이 어떤 뜻으로 쓰였는지 번호를 쓰세요.

② 다른 사람의 태도나 어떤 일의 가치를 인정하다.

① 값을 치르고 어떤 물건이나 권리를 자기 것으로 만들다.

사다

③ 다른 사람에게 어떤 감정을 가지게 하다.

(1) 용돈을 모아 게임기를 샀다.　　(　　)

(2) 민우는 전학을 오자마자 친구들의 호감을 샀다.　　(　　)

(3) 선생님은 현지의 피아노 연주 실력을 높이 샀다.　　(　　)

토픽 한 줄 정리　　돈과 행복에 대해 너는 어떻게 생각하니?

☐ 돈이 많을수록 더 행복해질 수 있다.　　☐ 돈이 많다고 꼭 행복한 것은 아니다.

왜냐하면 _____

행복해지는 방법이 있을까?
궁금하면 다음 장을 넘겨 봐! >>>>>

행복해지는 방법

누군가 저에게 행복하냐고 물었어요. 그래서 대답했지요. 저는 행복합니다. 그러자 어떻게 하면 행복해질 수 있느냐고 다시 묻더군요. 저는 ㉠이것에 대해 오랫동안 생각했습니다. 그리고 오늘 이 자리에서 여러분께 말씀드리고자 합니다.

㉡행복해지려면 욕심을 버려야 합니다. 사람들은 늘 현재에 만족하기보다 더 좋은 것, 더 많은 것을 가지려 합니다. 또 남보다 더 인정받고 싶어 하고 앞서 나가려고 하지요. '바다는 메워도 사람의 욕심은 못 채운다'란 말처럼 욕심은 끝이 없습니다. 욕심 때문에 현재에 만족하지 못하면 자신이 늘 불행하다고 느낄 수밖에 없습니다. 그러니 행복해지기 위해서는 욕심을 내려놓아야 합니다.

㉢행복해지려면 자신을 사랑해야 합니다. 키가 크든 작든, 뚱뚱하든 날씬하든, '나'는 이 세상에 단 하나뿐인 소중한 존재입니다. '나'를 대신할 사람은 이 세상에 없어요. 그러니 스스로를 사랑하고 '나'를 있게 해 준 모든 것에 감사하세요. 그 사랑과 감사의 마음이 여러분을 행복하게 해 줄 것입니다.

㉣다른 사람과 함께하는 것으로 행복해질 수 있습니다. 사람은 혼자 살 수 없고 다른 사람과 관계를 맺으며 살아갑니다. 비슷한 생각이나 취미를 가진 친구들과 함께 어울리며 친밀감을 느끼는 것은 큰 행복이 될 수 있습니다.

사람은 누구나 행복하게 살기를 바랍니다. 하지만 행복은 알아서 찾아와 주지 않습니다. 행복해지고 싶다면 스스로 방법을 찾고 노력하시길 바랍니다.

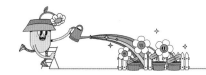

어휘 알기　색칠한 낱말과 초성을 보고 뜻풀이에 알맞은 낱말을 ____에 쓰세요.

| ㅊ | ㅁ |　전문적으로 하는 것이 아니라 즐기기 위해 하는 일.

_____

| ㅊ | ㅁ | ㄱ |　지내는 사이가 매우 친하고 가까운 느낌.

_____

| ㅁ | ㅇ | ㄷ |　뚫려 있거나 비어 있는 곳을 막거나 채우다.

_____

독해력 기르기

01　이 글에 대한 설명으로 알맞은 것을 골라 기호를 쓰세요. (　　　)

> ㉮ 생활 속에서 직접 겪은 일을 실감 나게 쓴 글이다.
> ㉯ 안부와 소식을 전하기 위해 상대방에게 대화하듯 쓴 글이다.
> ㉰ 여러 사람 앞에서 자기의 주장이나 의견을 말하기 위해 쓴 글이다.

02　글쓴이가 생각한 ㉠은 무엇인지 알맞은 것에 ○ 하세요.

(1) 나는 행복한가?　　　　　　　　(　　　)
(2) 행복이란 무엇일까?　　　　　　(　　　)
(3) 어떻게 하면 행복해질 수 있을까?　(　　　)

03　이 글의 내용으로 알맞으면 ○, 알맞지 않으면 ✕ 하세요.

(1) 행복해지기 위해서는 욕심을 버려야 한다.　　　　　(　　　)
(2) 사람은 혼자 있을 때 진정한 행복을 느낄 수 있다.　　(　　　)
(3) 자기 자신을 사랑하는 마음을 가져야 행복해질 수 있다. (　　　)

04 다음은 ㉡~㉣ 중 무엇을 실천한 내용인지 알맞은 것의 기호를 쓰세요. (   )

> 내가 잘할 수 있는 일이 무엇인지 생각해 보고, 글로 적어 보았다. 나에게도 장점이 많다는 걸 알게 되어 자신감이 생기고 기분이 좋았다.

05 이 글의 글쓴이와 비슷한 생각을 가진 친구에 ○ 하세요.

(1) 행복은 갑자기 찾아왔다가 사라지기도 해. 그러니까 행복해지기 위해 노력할 필요는 없어.

(2) 행복도 노력을 통해 얻을 수 있어. 자신이 불행하다고 느낀다면 스스로 행복해지기 위한 방법을 찾을 필요가 있어.

06 이 글의 내용을 요약했어요. 빈칸에 들어갈 알맞은 말을 쓰세요.

행복해지는 방법

①◻◻ 버리기	자신을 사랑하기	다른 사람과 함께하기
욕심 때문에 현재에 만족하지 못하면 스스로 불행하다고 느끼므로 욕심을 버려야 한다.	스스로를 ②◻◻하고 '나'를 있게 해 준 모든 것에 감사하는 마음이 행복을 준다.	비슷한 생각이나 취미를 가진 친구들과 어울릴 때 느끼는 ③◻◻◻이 큰 행복을 준다.

① _____   ② _____   ③ _____

욕심에 대한 속담

빈칸에 알맞은 말을 써넣어 속담을 완성하세요.

| 욕심 |
| 아홉 |
| 바다 |
| 하나 |

(1) ☐☐ 는 메워도 사람의 ☐☐ 은 못 채운다
사람의 욕심은 끝이 없음을 이르는 말.

(2) ☐☐ 가진 놈이 ☐☐ 가진 놈 부러워한다
가지면 가질수록 더 욕심이 생김을 이르는 말.

헷갈리는 말

알맞은 말에 ○ 하세요.

-든, -든지
실제로 일어날 수 있는 여러 가지 중에서 어느 것이 일어나도 상관이 없음을 나타내는 말.

-던, -던지
과거의 어떤 상태나 지난 일, 경험을 나타낼 때 쓰는 말.

(1) 지난겨울은 얼마나 (추웠든지 , 추웠던지) 몰라.

(2) 키가 (크던 작던 , 크든 작든) 겉모습은 중요하지 않다.

(3) 네가 집에 (가든지 말든지 , 가던지 말던지) 상관하지 않겠다.

토픽 한 줄 정리

자신을 사랑해야 행복해질 수 있대. 너의 장점을 찾아봐!

나의 장점은 _____ , _____ ,

_____ , _____ 등이야.

장소에 따라 이용하는 교통수단이 다를까?

교통수단이란 무엇일까?

옛날에는 어떤 교통수단을 이용했을까?

교통수단

| 사람이 이동하거나 짐을 옮기는 데 쓰는 수단.

비행기는 어떻게 탄생했을까?

교통수단은 어떻게 발달해 왔을까?

교통수단의 발달로 사람들의 생활은 어떻게 달라졌을까?

다양한 교통수단이 등장하는 이야기가 있다고?

미래에는 어떤 교통수단을 이용할까?

1일 옛날에는 어떤 교통수단을 이용했을까?

「좁쌀 한 톨로 장가간 총각」
우리 | 전래

2일 교통수단은 어떻게 발달해 왔을까?

「바퀴와 수레에서 자동차까지」
사회 | 설명하는 글

3일 비행기는 어떻게 탄생했을까?

「비행기를 만든 라이트 형제」
세계 | 인물

4일 다양한 교통수단이 등장하는 이야기가 있다고?

「세계 일주, 어떻게 할까?」
인문 | 독서 감상문

5일 미래에는 어떤 교통수단을 이용할까?

「꿈의 열차, 하이퍼루프」
기술 | 기사문

좁쌀 한 톨로 장가간 총각

옛날 한 마을에 가난한 총각이 살았어요. 총각은 새로운 일을 찾아 길을 나섰어요.

"가져갈 게 좁쌀 한 톨뿐이네. 이거라도 가져가면 쓸모가 있겠지."

총각은 하루 종일 걷다가 저녁 무렵 주막에 들렀어요.

"이 좁쌀을 내일 아침까지 맡아 주세요. 저에게는 귀한 것이니 잘 부탁드립니다."

총각은 좁쌀을 주인에게 맡기고 방에 들어갔어요. 주인은 좁쌀을 부뚜막에 놓아두었지요. 다음 날, 총각이 좁쌀을 달라고 하자 주인이 말했어요.

"어쩌지? 쥐가 좁쌀을 먹어 버렸는데."

"아니, 그 귀한 좁쌀을……. 그럼 좁쌀을 먹은 쥐라도 잡아 주세요."

총각은 쥐를 데리고 길을 떠났어요. 그날 밤, 총각은 또 다른 주막에 들렀고 이번에는 쥐를 맡겼어요. 주인이 쥐를 마당에 묶어 두었는데, 고양이가 쥐를 잡아먹었어요. 이튿날, 총각이 쥐를 달라고 하자 주인이 말했어요.

"어쩌지? 우리 집 고양이가 쥐를 잡아먹었는데."

총각은 쥐 대신 고양이를 얻어 길을 떠났어요. 해가 저물어 또 주막에 간 총각은 고양이를 맡겼어요. 그런데 마구간에 둔 고양이가 당나귀에 밟혀 죽고 말았어요. 다음 날, 총각은 고양이 대신 당나귀를 얻어 길을 떠났어요.

그다음 주막에선 총각이 당나귀를 맡겼는데, 외양간에서 황소의 뿔에 받혀 당나귀가 죽고 말았어요. 총각은 당나귀 대신 황소를 얻어 길을 가다 어느덧 한양에 이르렀어요. 총각은 밤늦게 주막에 들러 황소를 맡기고 잠들었어요. 아침에 주인은 총각이 맡긴 황소를 자기 집 소로 알고 부자 영감에게 팔았다며 자기 소를 주겠다고 했어요. 하지만 총각은 황소를 사 간 부자 영감을 기어이 찾아갔어요.

"어쩌지? 오늘이 우리 딸 생일이라 잔치에 쓰려고 그 소를 잡았는데."

"그럼 소를 잡게 만든 사람을 대신 주십시오."

"뭐라고? 그럼 내 딸을 달란 말인가?"

부자 영감은 총각의 요구가 어이없었지만 한편으론
총각의 당찬 모습이 퍽 마음에 들었어요.   ㉠

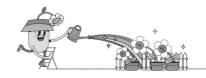

어휘 알기 색칠한 낱말과 초성을 보고 뜻풀이에 알맞은 낱말을 ____에 쓰세요.

| ㅂ | ㅎ | ㄷ | 머리나 뿔 따위에 세차게 부딪히다.   _____

| ㄷ | ㅊ | ㄷ | 나이나 몸집에 비하여 마음가짐이나 하는 짓이 야무지고 올차다.   _____

| ㅇ | ㅇ | ㅇ | ㄷ | 일이 너무 뜻밖이어서 기가 막히는 듯하다.   _____

독해력 기르기

01 이 글의 주인공에 대한 설명이에요. 빈칸에 알맞은 말을 쓰세요.

가난한 총각은 ☐☐ 한 톨을 가지고 길을 떠났다.

02 총각이 길을 가며 주막에 맡기고 얻은 것이에요. 순서대로 기호를 쓰세요.

좁쌀 한 톨 ➡ (   ) ➡ (   ) ➡ (   ) ➡ (   )

03 이 글을 읽고 옛사람들의 생활 모습을 짐작한 것으로 알맞지 <u>않은</u> 내용을 말한 친구의 이름을 쓰세요. (   )

윤찬: 옛날에는 먼 길을 걸어서 다녔구나.
아인: 옛사람들은 다른 사람의 물건을 소중히 여기지 않았구나.
수민: 주막은 옛날에 길을 가는 나그네가 잠을 자거나 쉬었다 가는 곳이구나.

04 이 글에 나타난 총각의 성격이나 태도로 알맞은 것에 ○ 하세요.

(1) 남의 눈치를 많이 본다.　　　　　(　　　)

(2) 남 앞에서 당당하고 씩씩하다.　　(　　　)

(3) 겁이 많고, 조심성이 지나치게 많다.　(　　　)

05 ㉠에 들어갈 내용을 바르게 짐작하여 말한 친구에 ○ 하세요.

(1)

총각은 부자 영감의 딸과 결혼해 행복하게 살았을 것 같아.

(2)

총각은 부자 영감의 집에서 매를 맞고 쫓겨났을 것 같아.

06 이 글의 내용을 요약했어요. 빈칸에 들어갈 알맞은 말을 쓰세요.

총각이 좁쌀 한 톨을 가지고 길을 가다가 ①□□에 들렀다. 주인에게 좁쌀을 맡겼는데 ②□가 좁쌀을 먹어 버려 쥐를 얻어 길을 떠났다. 이후 총각은 쥐를 잡아먹은 고양이, 고양이를 죽게 한 당나귀, 당나귀를 죽게 한 ③□□를 얻어 길을 가다 한양에 도착했다. 한양의 주막에서는 주인이 황소를 부자 영감에게 팔았다고 하자 부자 영감을 찾아가 자신의 요구 사항을 말했다. 부자 영감은 총각의 당찬 모습이 마음에 들었다.

①＿＿＿＿＿＿＿＿　　②＿＿＿＿＿＿＿＿　　③＿＿＿＿＿＿＿＿

뜻이 여러 개인 말

밑줄 친 말의 뜻으로 알맞은 것의 번호를 쓰세요.

② 짐승을 죽이다.

① 손으로 움키고 놓지 않다.

잡다

③ 자동차 등을 타기 위해 세우다.

(1) 동생의 손을 꼭 <u>잡고</u> 길을 건넜다.　　(　　)

(2) 택시를 <u>잡으려면</u> 큰길로 나가야 해.　　(　　)

(3) 부자 영감은 소를 <u>잡아</u> 잔치를 베풀었다.　(　　)

모양이 같은 말

밑줄 친 낱말의 뜻을 찾아 선으로 이으세요.

(1) 길을 떠난 지 한 달 만에 목적지에 <u>이르다</u>.　·

·　(가) 무엇이라고 말하다.

(2) 학생들에게 조심해야 할 점을 <u>이르다</u>.　·

·　(나) 어떤 장소나 시간에 닿다.

토픽 한 줄 정리

너만의 새로운 이야기를 상상해 봐! 좁쌀을 무엇과 바꿀래?

좁쌀 →　[　　　] →　[　　　] →　[　　　]

→　[　　　] →　[　　　] →　[　　　]

교통수단은 어떻게 발달해 왔을까?
궁금하면 다음 장을 넘겨 봐! >>>>>

바퀴와 수레에서 자동차까지

자동차, 자전거, 오토바이 등 우리가 이용하는 교통수단에는 바퀴가 달려 있어요. 아주 오랜 옛날부터 사람들은 바퀴를 이용하면 빠르고 편하게 이동할 수 있다는 것을 알았어요.

먼 옛날, 짐을 옮기는 도구는 나무 썰매였어요. 그러나 진흙이나 비탈길에서는 나무 썰매를 끌기가 쉽지 않았어요. 그래서 나무 썰매 밑에 통나무를 받쳐 굴리기 시작했는데 이 굴림대가 최초의 바퀴인 셈이에요. 이후 사람들은 통나무를 자른 원통 중심에 홈을 파고 막대기를 연결한 원통 바퀴를 만들었어요. 두꺼운 원통 바퀴는 좀 더 얇은 나무 판 바퀴로 발전했어요. 그리고 바퀴 중심과 바퀴 테를 4~6개의 살로 연결한 바퀴가 만들어졌어요.

사람들은 나무 상자 등에 바퀴를 달아 수레를 만들어 이용하기도 했어요. 처음에는 소나 당나귀가 수레를 끌다가 나중에는 빨리 달릴 수 있는 말이 수레를 끌었어요.

과학 기술이 발달하면서 기계의 힘을 이용한 탈것이 만들어졌어요. ⃝ 의 힘으로 움직이던 바퀴가 ⃝ 의 힘으로 움직이기 시작한 거예요. 증기의 힘으로 달리는 증기 기관차가 등장하면서 많은 짐과 사람을 싣고 먼 곳까지 빠르게 이동할 수 있게 되었어요. 그 후 사람들은 언제 어디서든 바로 이용할 수 있는 탈것을 생각했어요. 그래서 만들어진 것이 자동차예요. 철길 위로만 달리는 기차와는 달리 도로를 달리는 자동차를 이용하게 되면서 사람들은 언제 어디서나 쉽고 빠르게 이동할 수 있게 되었어요.

바퀴의 탄생에서 자동차까지, 교통수단은 다양한 형태로 발전해 왔고 사람들의 생활도 크게 변화했어요.

어휘 알기 색칠한 낱말과 초성을 보고 뜻풀이에 알맞은 낱말을 ____에 쓰세요.

| ㅅ | 창문이나 부채, 바퀴 등의 뼈대가 되는 부분. | _____ |

| ㅈ ㄱ | 기체 상태로 되어 있는 물. | _____ |

| ㅂ ㅋ | 돌리거나 굴리려고 테 모양으로 둥글게 만든 물건. | _____ |

독해력 기르기

01 이 글을 쓴 목적으로 알맞은 것에 ○ 하세요.

(1) 오늘날 교통수단의 종류와 특징을 소개하기 위해   (   )

(2) 교통수단으로 인한 환경 오염을 줄이자고 주장하기 위해   (   )

(3) 바퀴의 발명에서 자동차까지 교통수단의 발달 과정을 알려 주기 위해 (   )

02 바퀴의 발달 순서대로 기호를 쓰세요.

⑦ 나무 판 바퀴   ⑭ 통나무 굴림대   ⑭ 원통 바퀴   ⑭ 바퀴 살이 달린 바퀴

(   ) → (   ) → (   ) → (   )

03 다음에서 설명하는 것은 무엇인지 이 글에서 찾아 쓰세요. (   )

바퀴를 달아서 굴러가게 만든 기구로 사람이 타거나 짐을 싣는다. 처음에는 소나 당나귀가 이것을 끌다가 말이 끌면서 더욱 빠르게 이동할 수 있었다.

04 ㉠과 ㉡에 들어갈 말이 바르게 짝 지어진 것은 무엇인가요? (   )

① 동물-사람   ② 기계-동물   ③ 동물-기계

④ 사람-동물   ⑤ 기계-사람

05 교통수단이 다음과 같이 발달하면서 달라진 점을 바르게 말한 친구의 이름을 쓰세요. (   )

시원: 한 번에 더 많은 사람이나 짐을 실어 나를 수 있게 되었어.
소희: 먼 곳까지 가는 데 시간이 더 오래 걸리게 되었어.

06 이 글의 내용을 요약했어요. 빈칸에 들어갈 알맞은 말을 쓰세요.

바퀴는 ①⬜⬜⬜ 굴림대 형태에서 원통 바퀴, 나무 판 바퀴, 바퀴 살이 달린 바퀴로 발전했다. 사람들은 나무 상자 등에 바퀴를 달아 수레를 만들어 이용했는데 소나 당나귀가 끌던 수레를 ②⬜이 끌면서 더 빠르게 이동할 수 있었다. 과학 기술의 발달로 기계의 힘을 이용한 증기 기관차가 만들어지면서 많은 사람들이 먼 곳까지 빠르고 편하게 이동할 수 있게 되었고, ③⬜⬜⬜가 만들어지면서 언제 어디서나 쉽게 이동할 수 있게 되었다.

① _____   ② _____   ③ _____

움직임을 나타내는 말

그림을 보고 빈 곳에 들어갈 알맞은 말을 쓰세요.

파다   꽂다   굴리다   싣다   달리다

통나무를 _____.

땅을 _____.

짐을 _____.

합쳐진 말

다음 낱말을 뜻이 있는 두 개의 낱말로 나누어 빈칸에 쓰세요.

비탈길
경사가 급하게 기울어진
언덕의 길.

↓

☐☐ + ☐

교통수단
사람이 이동하거나 짐을
옮기는 데 쓰는 수단.

↓

☐☐ + ☐☐

토픽 한 줄 정리

네가 가진 물건 중에 바퀴를 달면 좋은 것을 찾아봐!

_____에 바퀴를 달래. 왜냐하면 _____

_____

비행기는 어떻게 탄생했을까?
궁금하면 다음 장을 넘겨 봐! >>>>>

비행기를 만든 라이트 형제

윌버 라이트와 오빌 라이트 형제는 어려서부터 호기심이 많았어요. 한번은 아버지가 장난감 헬리콥터를 사 주었는데, 형제는 이것에 푹 빠졌어요. 나중에 헬리콥터가 망가지자 직접 헬리콥터를 만들어 갖고 놀았어요. 이때의 경험이 비행에 대한 호기심의 시작이었어요.

어른이 된 뒤 라이트 형제는 자전거 수리점을 열었어요. 이때 두 개의 바퀴로도 균형을 잘 잡는 자전거에 궁금증을 느껴 자전거를 분해하고 조립했어요. 그리고 직접 자전거를 만들어 팔기도 했어요. 그러던 어느 날, 독일의 릴리엔탈이라는 사람이 글라이더를 타고 하늘을 날다 추락해 목숨을 잃는 사고가 일어났어요. 이 소식을 들은 라이트 형제는 사람이 조종할 수 있는 비행기를 만드는 일에 관심을 갖게 되었어요.

"비행기의 방향을 조종할 수 있다면 바람에 균형을 잃지 않고 하늘을 날 수 있을 거야. 우리가 그런 비행기를 만들어 보자!"

라이트 형제는 비행에 관한 책을 찾아 읽으며 연구에 몰두했어요. 그리고 글라이더를 직접 만들어 시험 비행에 나섰어요. 이때는 사람이 타지 않고 날개 끝에 줄을 매달아 글라이더를 조종했어요. 그리고 1902년에 드디어 사람이 직접 타고 글라이더를 조종하는 데 성공했어요. 그 후 라이트 형제는 동력 비행기를 만드는 일에 도전했어요.

"비행기가 스스로 하늘을 날려면 엔진이 필요해."

라이트 형제는 수많은 시행착오 끝에 비행기에 알맞은 엔진과 프로펠러를 직접 만들었어요. 그리고 그것을 단 비행기를 만들고 '플라이어호'라고 이름 붙였어요.

1903년, 라이트 형제는 '플라이어호'를 타고 하늘을 나는 데 성공했어요. 바람의 힘이 아닌, 기계의 힘으로 비행기가 스스로 하늘을 난 최초의 비행이었지요.

라이트 형제는 계속해서 비행에 성공했고, 비행기 개발에도 힘써 1909년에는 비행기 회사를 세웠어요. 라이트 형제의 도전과 열정으로 하늘을 나는 항공 시대가 열렸답니다.

어휘 알기 색칠한 낱말과 초성을 보고 뜻풀이에 알맞은 낱말을 ____에 쓰세요.

| ㅎ | ㄱ | 비행기로 공중을 날아다님. | _____ |

| ㄷ | ㄹ | 전기 또는 자연에 있는 에너지를 쓰기 위해 기계적인 에너지로 바꾼 것. | _____ |

| ㅊ | ㄹ | ㅎ | ㄷ | 높은 곳에서 떨어지다. | _____ |

| ㄱ | ㄹ | ㅇ | ㄷ | 엔진이나 프로펠러 없이 바람의 힘을 이용해 나는 항공기. | _____ |

독해력 기르기

01 라이트 형제가 비행에 처음 호기심을 갖게 된 일과 비행기를 만드는 것에 관심을 갖게 된 일을 각각 찾아 선으로 이으세요.

(1) 비행에 처음 호기심을 갖게 된 일 ·

· (가) 글라이더를 타고 하늘을 날다 죽은 독일 사람의 사고 소식을 들었다.

(2) 비행기를 만드는 것에 관심을 갖게 된 일 ·

· (나) 어릴 때 장난감 헬리콥터에 푹 빠져 헬리콥터를 만들어 갖고 놀기도 했다.

02 라이트 형제가 만든 비행기에 대한 설명으로 알맞으면 ○, 알맞지 않으면 ✕ 하세요.

(1) '플라이어호'라는 이름이 붙었다. 　　　　(　　)

(2) 바람이 불지 않으면 날 수 없었다. 　　　　(　　)

(3) 엔진과 프로펠러가 달려 스스로 하늘을 날 수 있었다. (　　)

03 이 글을 읽고 라이트 형제를 평가한 것으로 알맞은 것을 모두 골라 ○ 하세요.

(1) 항공 시대를 연 인물 ( )

(2) 세계 최초로 자전거를 발명한 인물 ( )

(3) 세계 최초로 글라이더를 타고 하늘을 난 인물 ( )

(4) 세계 최초로 동력 비행기를 타고 하늘을 난 인물 ( )

04 이 글을 읽고 라이트 형제에 대해 생각한 것으로 알맞지 <u>않은</u> 내용을 말한 친구의
이름을 쓰세요. ( )

> 민우: 형과 동생이 어른이 되어서도 함께 일한 걸 보면 마음이 잘 맞는 형제
> 였던 것 같아.
> 지수: 자전거 수리점을 하다가 갑자기 비행기에 관심을 가진 걸 보면 싫증을
> 잘 내고 끈기가 없었던 것 같아.
> 주하: 새로운 자전거를 만들고, 동력 비행기에 필요한 장치도 직접 만든 걸 보
> 면 손재주가 뛰어났던 것 같아.

05 이 글의 내용을 요약했어요. 빈칸에 들어갈 알맞은 말을 쓰세요.

> 라이트 형제는 어릴 때 장난감 헬리콥터를 가지고 놀면서 비행에 대한 호기심
> 을 키웠다. 어른이 되어 ①□□□ 수리점을 운영하던 형제는 독일의 릴리엔
> 탈이 글라이더를 타고 날다 추락해 죽었다는 소식을 듣고 ②□□□를 만
> 드는 일에 관심을 갖게 되었다. 형제는 글라이더를 직접 만들어 시험 비행을
> 하고, 동력 비행기를 만드는 일에 도전해 ③□□□□호를 만들었다. 플라
> 이어호를 타고 비행에 성공한 라이트 형제는 세계 최초로 동력 비행기를 타고
> 하늘을 난 인물이 되었다.

① _____ ② _____ ③ _____

이름을 나타내는 말

글자를 이용해 하늘에서 이용하는 교통수단의 이름을 만들어 쓰세요.

헬 | 비 | 리 | 기 | 콥 | 더 | 행 | 이 | 라

글 [ ] [ ] [ ]

[ ] [ ] [ ] 터

[ ] [ ] [ ]

모양이 같은 말

밑줄 친 낱말의 뜻을 찾아 선으로 이으세요.

(1) <u>비행</u> 청소년의 범죄가 심각한 사회 문제가 되고 있다. •

• (가) 공중으로 날아다님.

(2) 라이트 형제는 플라이어호를 타고 <u>비행</u>에 성공했다. •

• (나) 잘못되거나 그릇된 행위.

토픽 한 줄 정리   비행기를 타 본 적이 있니?

[ ] 있어!   비행기를 타고 _____에 갔어.

[ ] 없어!   비행기를 타고 _____에 가고 싶어.

다양한 교통수단이 등장하는 이야기를 읽어 봤니? 궁금하면 다음 장을 넘겨 봐! >>>>>

글쓴이가 책을 읽고 느낀 점을 살펴봐!

인문　독서 감상문

세계 일주, 어떻게 할까?

『80일간의 세계 일주』를 읽고

　내 꿈은 세계 일주를 하는 것이다. 그래서 세계 여행에 관한 책을 즐겨 읽는데, 그런 책을 찾다가 『80일간의 세계 일주』를 읽게 되었다.

　이 책은 프랑스의 작가 쥘 베른이 쓴 소설로 주인공은 필리어스 포그라는 영국 신사이다. 포그는 재산을 걸고 자신이 활동하는 클럽 회원들과 내기를 한다. 80일 만에 세계 일주를 하고 돌아오는 내기였다. 모든 일에 신중하고 치밀한 포그는 철저하게 계획을 세워 여행에 나서지만, 뜻밖의 상황에 위기를 맞는다. 하지만 포그는 어려움을 이겨내고 약속한 날짜에 돌아와 내기에서 이긴다.

　책을 읽고 인상 깊었던 점은 포그 일행이 다양한 교통수단을 이용해 여행하는 모습이었다. 포그는 증기선, 기차, 썰매, 심지어 코끼리를 타고 이동하기도 했다. 나라면 어떤 교통수단으로 세계 일주를 할지 생각해 보았다. 포그가 살던 시대에는 비행기가 없었기 때문에 포그는 영국에서 인도, 인도에서 미국 등 먼 거리를 이동할 때는 증기선을 주로 이용하고 나라 안에서는 기차를 많이 이용했다. 지금은 비행기가 있으니까 나라면 비행기를 이용해 빠르고 편하게 이동할 것 같다. 그리고 나라 안에서는 기차나 자동차를 이용해 곳곳을 둘러보는 것도 좋을 것 같다.

　나도 언젠가는 포그처럼 세계 일주를 할 것이다. 그때가 빨리 왔으면 좋겠다.

어휘 알기 색칠한 낱말과 초성을 보고 뜻풀이에 알맞은 낱말을 ____에 쓰세요.

| ㅇ | ㅈ | 먼 거리를 한 번 도는 것.

_____

| ㅈ | ㄱ | ㅅ | 석탄을 태워 물을 끓이고, 그때 나오는 증기의 힘을 이용해 움직이는 배.

_____

| ㅅ | ㅈ | ㅎ | ㄷ | 매우 조심스럽다.

_____

독해력 기르기

01 이 글에 대한 설명으로 알맞은 것에 ○ 하세요.

(1) 글쓴이가 경험한 일을 바탕으로 꾸며 쓴 글이다.   (   )

(2) 책을 읽고 자기 생각이나 느낀 점을 적은 글이다.   (   )

(3) 여행하면서 보고 듣고 느끼고 겪은 것을 적은 글이다.   (   )

02 이 글에 나타나 있지 않은 것은 무엇인가요? (   )

① 책의 내용   ② 책 제목과 작가 이름

③ 책을 읽은 날짜   ④ 책을 읽고 인상 깊었던 점

⑤ 책을 읽게 된 이유

03 글쓴이가 읽은 책의 내용은 무엇인지 빈칸에 알맞은 말을 쓰세요.

필리어스 포그가 80일 만에 [   ][   ][   ][   ]를 하는 내용

04 글쓴이가 책을 읽고 생각한 것으로 알맞으면 ○, 알맞지 않으면 ✕ 하세요.

(1) 주인공이 세계 여러 나라의 음식을 먹는 장면이 가장 인상 깊었다. (　　　)

(2) '나'라면 세계 일주를 할 때 어떤 교통수단을 이용할지 생각했다. (　　　)

(3) '나'도 주인공처럼 세계 일주를 할 수 있는 날이 빨리 왔으면 좋겠다. (　　　)

05 이 글을 읽은 친구들의 반응이에요. 알맞지 <u>않은</u> 내용을 말한 친구의 이름을 쓰세요.

(　　　　　　　)

현우
: 주인공 포그가 세계 일주를 하며 어떤 일을 겪는지 좀 더 자세히 알고 싶어. 왠지 흥미진진한 모험 이야기가 펼쳐질 것 같아.

수빈
: 난 비행기가 없었던 시대에 사람들은 어떻게 다른 나라를 여행했는지 궁금해서 책을 읽어 보고 싶어.

주연
: 포그가 발명한 교통수단이 궁금해서 책을 읽어 보고 싶어.

06 이 글의 내용을 요약했어요. 빈칸에 들어갈 알맞은 말을 쓰세요.

책을 읽게 된 동기	세계 일주를 하는 것이 꿈이어서 세계 여행에 관한 책을 찾다가 『80일간의 세계 일주』를 읽게 되었다.
책의 줄거리	주인공 ①◻◻는 재산을 걸고 80일 만에 세계 일주를 하고 돌아오는 ②◻◻를 한다. 포그는 예상치 못한 어려움을 겪지만 약속한 날짜에 돌아와 내기에서 이긴다.
느낀 점	포그가 증기선, 기차, 썰매, 코끼리 등 다양한 ③◻◻◻◻을 이용해 여행하는 모습이 인상 깊었고 내가 만약 세계 일주를 한다면 어떤 교통수단을 이용할지 생각해 보았다.

① _____　　② _____　　③ _____

 낱말의 **반대말**

글자를 이용해 낱말의 반대말을 만들어 쓰세요.

내	꺼	리	다	술	허

즐기다	치밀하다	타다
무엇을 좋아하여 자주 하다.	자세하고 꼼꼼하다.	탈것 따위에 몸을 얹다.

⇕ ⇕ ⇕

☐ 리 ☐	☐ ☐ 하 다	☐ ☐ 다
마음에 들지 않아 무엇을 피하거나 싫어하다.	치밀하지 못하고 엉성하여 빈틈이 있다.	탈것에서 땅이나 바닥으로 옮겨 서다.

'얼마 동안'의 뜻으로 일정한 기간을 나타내는 '만'은 앞말과 띄어 써야 해.

 올바른 띄어쓰기

밑줄 친 부분의 띄어쓰기가 바른 것에 ○ 하세요.

(1) 2년만에 방문한 고향은 낯설었다.   (   )

(2) 농부는 약속대로 3년만에 돈을 갚았다.   (   )

(3) 포그는 80일 만에 세계 일주를 마치고 돌아왔다. (   )

로픽 한 줄 정리

『80일간의 세계 일주』를 읽어 보았니?

☐ 읽어 보았어. 인상 깊었던 장면은 _____

☐ 읽어 보지 못했어. 책에 대해 궁금한 점은 _____

지금보다 빠른 교통수단이 개발된다면 어떨까?
궁금하면 다음 장을 넘겨 봐! >>>>>

꿈의 열차, 하이퍼루프

미래 교통수단으로 하이퍼루프가 주목받고 있다. 하이퍼루프는 진공 터널 안을 초고속으로 달리는 열차이다.

하이퍼루프는 매우 빨라서 이것이 개발되면 서울에서 부산까지 약 20분 만에 갈 수 있다. 기존의 고속 열차는 물론, 비행기보다도 빠르다.

하이퍼루프가 이렇게 빨리 달릴 수 있는 까닭은 공기의 저항을 줄였기 때문이다. 하이퍼루프가 달리는 터널 안에는 공기가 거의 없다. 이런 진공 상태에서 자기력을 이용해 차량을 바닥에서 살짝 띄워 운행하기 때문에 공기의 저항은 물론 바닥에서 받는 저항도 적어 엄청난 속도를 낼 수 있다.

하이퍼루프는 　　　㉠　　　 점에서도 주목받고 있다. 하이퍼루프를 운행하는 데 필요한 전기를 환경을 오염시키지 않는 태양광에서 얻기 때문이다. 하이퍼루프가 달리는 진공 터널 외벽에는 태양 전지판이 설치되어 있어 태양광 에너지를 얻을 수 있다.

하이퍼루프는 안전성 등 아직 해결해야 할 문제가 남아 있지만 이것을 이용한다면 먼 거리를 지금보다 더욱 빠르게 이동할 수 있고, 교통수단으로 인한 환경 오염도 줄일 수 있을 것으로 기대된다.

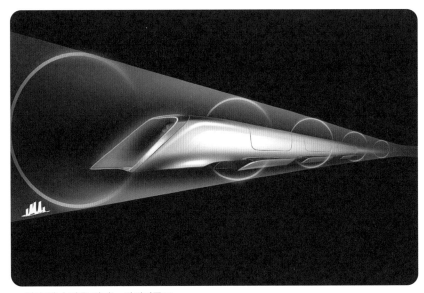

▲ 진공 터널 안을 달리는 하이퍼루프

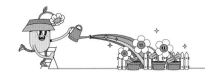

어휘 알기 색칠한 낱말과 초성을 보고 뜻풀이에 알맞은 낱말을 ___에 쓰세요.

| ㅈ | ㄱ | 공기 따위의 물질이 전혀 없는 공간. | _____ |

| ㅈ | ㅎ | 물체의 운동 방향과 반대 방향으로 작용하는 힘. | _____ |

| ㅈ | ㄱ | ㄹ | 자석과 자석, 자석과 쇠 사이에 작용하는, 당기거나 미는 힘. | _____ |

독해력 기르기

01 하이퍼루프가 무엇인지 알맞은 말에 ○ 하세요.

> 진공 터널 안을 매우 (느린 , 빠른) 속도로 달리는 (열차 , 자동차)이다.

02 하이퍼루프에 대한 설명으로 알맞으면 ○, 알맞지 않으면 ✕ 하세요.

(1) 고속 열차나 비행기보다 빠르다.　　　(　　　)

(2) 미래 교통 수단으로 주목받고 있다.　　　(　　　)

(3) 현재의 기술로 안전성을 인정받았다.　(　　　)

03 이 글에서 하이퍼루프가 매우 빠른 속도로 달릴 수 있는 까닭으로 제시한 내용을 모두 골라 ○ 하세요.

(1) 태양광 에너지를 이용한다.　　　　　　　　　　　　　　(　　　)

(2) 자기력을 이용해 바닥에서 살짝 떠서 이동한다.　　　　(　　　)

(3) 진공 상태의 터널 안을 달려 공기의 저항을 거의 받지 않는다. (　　　)

04 ㉠에 들어갈 말로 알맞은 것은 무엇인가요? (   )

① 안전하다는   ② 속도가 매우 빠르다는
③ 친환경적이라는   ④ 한 번에 많은 사람을 태울 수 있다는
⑤ 하늘을 날 수 있다는

05 이 글을 읽고 하이퍼루프를 이용하면 달라질 생활 모습에 대해 알맞지 <u>않은</u> 내용을 말한 친구의 이름을 쓰세요. (   )

동민: 다른 지역으로 더 빠르고 편리하게 이동할 수 있을 거야.
지후: 교통수단을 이용할 때 발생하는 환경 오염을 줄일 수 있을 거야.
수진: 지구 밖 우주로도 자유롭게 갈 수 있을 거야.

06 이 글의 내용을 요약했어요. 빈칸에 들어갈 알맞은 말을 쓰세요.

①□□□□□□: 진공 터널 안을 초고속으로 달리는 열차이다.

공기의 저항을 줄이고, 자기력을 이용해 매우 빨리 달릴 수 있다.

②□□□ 에너지를 이용해 친환경적이다.

먼 거리를 더욱 빠르게 이동할 수 있고,
교통수단으로 인한 ③□□ □□을 줄일 수 있다.

① _____   ② _____   ③ _____

외(外)가 들어간 낱말

빈칸에 알맞은 글자를 써넣어 뜻에 해당하는 한자어를 완성하세요.

外
바깥 외

➕

날 출(出)　바다 해(海)
문 문(門)　벽 벽(壁)

| 외 | |
건물 바깥쪽을
둘러싸고 있는 벽.

| 외 | |
집이나 일터 등에서
벗어나 밖으로 나감.

| | 외 |
바다 밖. 또는 다른
나라를 일컫는 말.

낱말의 관계

비슷한말에는 =, 반대말에는 ↔ 기호를 쓰세요.

고속 ◯ 저속

주목받다 ◯ 관심받다

띄우다 ◯ 가라앉히다

운행하다 ◯ 다니다

토픽 한 줄 정리

하이퍼루프가 개발되어 처음 타 보는 행사에 초대된다면?

☐ 무조건 탈 거야.　☐ 타지 않을래.

왜냐하면 _____ 때문이야.

1일 보물 지도는 진짜 있을까?

「보물섬」

세계 | 명작

2일 지도가 있으면 좋은 점이 뭘까?

「지도야, 고마워」

사회 | 일기

3일 지도에 있는 기호는 무슨 뜻일까?

「지도에 쓰인 약속」

사회 | 설명하는 글

4일 옛날에는 지도를 어떻게 만들었을까?

「대동여지도를 만든 김정호」

우리 | 인물

5일 시대마다 쓰는 지도가 다를까?

「오늘날의 지도」

기술 | 설명하는 글

보물섬

본즈 선장은 하는 일 없이 우리 여관에서 묵으며 술만 마셨다. 어느 날, 눈먼 남자가 건넨 쪽지를 보자마자 부들부들 떨더니 그대로 쓰러져 죽고 말았다. 쪽지에는 '오늘 밤 물건을 찾으러 가겠다.'라고 쓰여 있었다.

나는 엄마와 선장의 궤짝을 열어 보기로 했다. 눈먼 남자의 일행이 와서 선장의 짐을 가져가기 전에, 그동안 밀린 방세를 챙겨야 했기 때문이다. 궤짝에서 은화 몇 닢과 서류 꾸러미를 꺼내는데 문밖에서 발소리가 들렸다.

우리는 꾸러미를 가지고 숨어서 지켜보았다. 곧이어 해적들이 들이닥쳤다. 그들은 선장의 짐을 뒤지더니, ㉠찾는 물건이 없다며 마구 화를 냈다.

"이 집 꼬맹이가 훔친 게 분명해. 어서 찾아!"

나는 해적들의 눈을 피해 치안 판사이자 의사인 리브지 선생을 찾아갔다. 선장의 꾸러미를 살피던 리브지 선생은 지도 한 장을 치켜들며 외쳤다.

"맙소사! 이건 해적왕 플린트의 보물 지도야!"

지도에는 보물이 숨겨진 섬의 위치가 표시되어 있었다. 섬에는 두 개의 항구가 있었고, 그 사이에 '망원경'이라는 언덕도 있었다. 빨간 잉크로 그린 세 개의 십자가와 '보물은 대부분 여기에'라는 글도 있었다. 지도 뒷면에는 무슨 말인지 알 수 없는 글이 적혀 있었다.

'북북동 방향 북쪽 끝, 망원경 산등성이, 큰 나무, 해골섬 동남동에서 동쪽, 열 걸음. 은괴는 북쪽에 있음. 검은 바위에서 남쪽으로 18미터 떨어진 곳. 무기는 북쪽 끝, 동쪽에서 북쪽으로, 북쪽 모래 언덕에 있음.'

보물 지도를 손에 넣었다고 생각하니 가슴이 두근두근 뛰었다. 리브지 선생의 손도 떨리고 있었다.

"짐, 당장 보물을 찾으러 떠나자."

"좋아요!"

나는 힘차게 고개를 끄덕였다.

어휘 알기   색칠한 낱말과 초성을 보고 뜻풀이에 알맞은 낱말을 ___에 쓰세요.

| ㅎ | ㄱ | 배가 안전하게 드나들도록 강가나 바닷가에 부두 따위를 설비한 곳. | _____ |

| ㅊ | ㅋ | ㄷ | ㄷ | 위로 올려 들다. | _____ |

| ㄷ | ㅇ | ㄷ | ㅊ | ㄷ | 갑자기 바싹 다다르다. | _____ |

독해력 기르기

01   이 글의 주인공에 대한 설명으로 알맞으면 ○, 알맞지 않으면 ✕ 하세요.

(1) 주인공 소년의 이름은 '짐'이다.   (   )

(2) 주인공은 혼자서 여관을 운영하며 산다.   (   )

(3) 여관에 묵던 손님이 가지고 있던 보물 지도를 손에 넣었다. (   )

02   이 글의 장면을 보고, 일이 일어난 순서대로 번호를 쓰세요.

(   ) → (   ) → (   ) → (   )

03 ㉠이 가리키는 것은 무엇인가요? (   )

① 은화   ② 쪽지   ③ 보물 지도가 든 꾸러미
④ 궤짝   ⑤ 보물

04 이 글에 나온 보물 지도에 대해 바르게 말한 친구에 ○ 하세요.

(1) 보물 지도에는 보물이 숨겨진 섬의 위치만 나와 있고, 정작 보물이 있는 곳은 표시되어 있지 않아.

(2) 지도에는 보물이 있는 곳이 표시되어 있어. 지도에 있는 표시를 따라가면 보물을 찾을 수 있을 거야.

05 이 글의 내용을 바르게 이해한 친구의 이름을 쓰세요. (   )

강민: 해적왕 본즈 선장의 보물 지도를 손에 넣었으니 짐도 해적왕이 되겠지?
해적왕 짐의 새로운 모험 이야기가 기대되는걸.
진영: 짐이 보물 지도를 가져간 걸 해적들이 눈치챘으니 곧 짐을 쫓아올 거야.
짐이 해적들을 피해 무사히 보물을 찾을 수 있을까?

06 이 글의 내용을 요약했어요. 빈칸에 들어갈 알맞은 말을 쓰세요.

짐은 ①◻◻ 선장이 남긴 궤짝에서 서류 꾸러미를 발견했다. ②◻은 여관으로 들이닥친 해적들을 피해 본즈 선장의 서류 꾸러미를 들고 리브지 선생을 찾아갔다. 서류 꾸러미에는 해적왕 플린트가 남긴 ③◻◻◻◻가 들어 있었다. 짐과 리브지 선생은 보물을 찾아 나서기로 했다.

① _____ ② _____ ③ _____

이름을 나타내는 말

땅의 모양과 관련 있는 말이에요. 그림에 해당하는 말을 쓰세요.

섬 주위가 물로 완전히 둘러싸인 육지의 일부.

곶 바다 쪽으로, 부리 모양으로 뾰족하게 뻗은 육지.

산등성이 산의 등줄기.

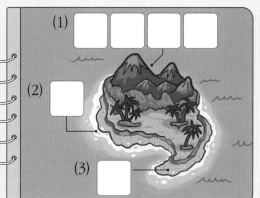

(1) ☐ ☐ ☐ ☐

(2) ☐

(3) ☐

흉내 내는 말

빈 곳에 알맞은 흉내 내는 말을 쓰세요.

부들부들 몸을 자꾸 크게 부르르 떠는 모양.

두근두근 몹시 놀라거나 불안하여 가슴이 뛰는 소리나 모양.

(1) 화가 나서 몸이 _____ 떨렸어.

(2) 모험을 떠날 생각을 하니 가슴이 _____ 뛰어.

(3) 몸이 _____ 떨릴 정도로 날씨가 춥다.

토픽 한 줄 정리

보물 지도가 있다면 보물을 찾으러 갈 거니?

☐ 당연히 가야지! ☐ 안 갈 거야!

왜냐하면 _____

우리는 날마다 지도를 이용해. 정말인지 궁금하면 다음 장을 넘겨 봐! >>>>>

사회　　　　일기

지도야, 고마워

20○○년 ○월 ○일 ○요일 날씨: 구름이 조금 낌.

　엄마랑 당일치기로 경주에 다녀왔다. 경주는 경상북도에 있는데, 서울역에서 고속열차인 케이티엑스(KTX)를 타면 2시간 만에 갈 수 있다.

　아침 일찍, 지하철을 타고 서울역으로 갔다. 지하철 노선도를 보고 갈아타야 할 역과 내려야 할 역을 미리 확인했다. 덕분에 제시간에 도착해 열차를 탈 수 있었다.

　신경주역에 내려 아침을 먹고, 국립 경주 박물관에 가려고 택시를 탔다. 길 도우미(내비게이션)에 박물관으로 가는 지도가 뜨더니 우리 위치를 알려 주는 화살표가 나타났다. 화살표가 박물관에 가까워지자 엄마가 내릴 준비를 하라고 하셨다.

　국립 경주 박물관에 도착해서는 먼저 박물관 안내도를 찾아보았다. 여러 전시관의 위치를 한눈에 볼 수 있었다. 안내도를 보며 돌아볼 곳을 정하고, 순서대로 가 보았다. 신라 시대 유물 퍼즐도 맞추고, 활쏘기도 해 보았다.

　박물관을 다 둘러보고 나니 점심시간이었다. 밥을 먹고 곧바로 집으로 돌아갈 생각을 하니 조금 아쉬웠다. 그런데 엄마가 경주 관광 안내도를 꺼내 한참을 보시더니 근처에 첨성대가 있다며 가 보자고 하셨다.

　"첨성대까지 걸어가는 길에 경주 월성이랑 석빙고가 있네. 여기도 보고 가자."

　원래 박물관만 보려고 나선 길인데 지도 덕분에 더 많은 곳을 둘러볼 수 있었다. 지도는 참 편리하고 고마운 것 같다.

어휘 **알기** 색칠한 낱말과 초성을 보고 뜻풀이에 알맞은 낱말을 ___에 쓰세요.

| ㅇ | ㅅ | ㄷ | 없거나 모자라서 답답하고 안타깝다.

_____

| ㄷ | ㅇ | ㅊ | ㄱ | 일이 있는 바로 그날 하루에 일을 서둘러 끝냄.

_____

| ㄷ | ㅇ | ㅂ | ㄷ | 돌아다니면서 두루 살피다.

_____

독해력 **기르기**

01 이 글에 대한 설명으로 알맞은 것에 ◯ 하세요.

(1) 여행을 다녀온 일을 주제로 쓴 일기이다.   (   )

(2) 여행할 때 필요한 지도의 종류에 대해 설명한 글이다. (   )

02 글쓴이가 여행을 다녀온 지역을 다음 지도에서 찾아 ◯ 하세요.

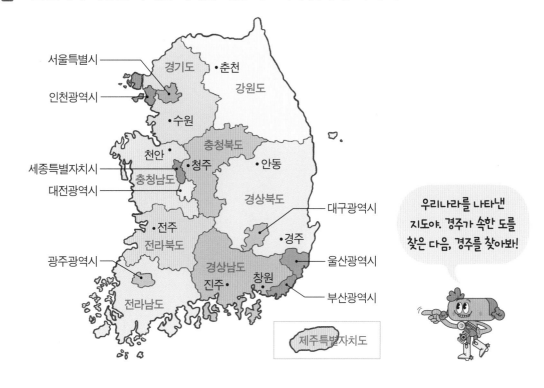

03 글쓴이가 지도를 보고 알게 된 것이 <u>아닌</u> 것은 무엇인가요? (   )

① 지하철 노선도를 보고 갈아타야 할 역을 미리 확인했다.

② 길 도우미에 있는 지도를 보고 박물관까지 가는 길을 살펴보았다.

③ 박물관 안내도를 보고 전시관의 위치를 알았다.

④ 경주 관광 안내도를 보고 식당이 있는 곳을 알았다.

⑤ 경주 관광 안내도를 보고 첨성대와 경주 월성 등의 위치를 알았다.

04 다음 친구에게 필요한 지도는 무엇인가요? (   )

> 신라 시대의 문화유산을 보러 경주에 갈 거야.
> 경주에서 우리가 볼 만한 문화재나 유적지가
> 어디에 있는지 알려면 어떤 지도를 봐야 할까?

① 우리나라 지도   ② 지하철 노선도   ③ 세계 지도

④ 경주 관광 안내도   ⑤ 경주 맛집 지도

05 이 글의 내용을 요약했어요. 빈칸에 들어갈 알맞은 말을 쓰세요.

> 엄마랑 ① ⬚⬚로 여행을 다녀왔다. 경주로 가는 케이티엑스를 타려고 서울
> 역까지 지하철을 탔다. 지하철 노선도를 보고 내려야 할 역과 갈아타야 할 역
> 을 확인했다. 신경주역에서 국립 경주 박물관까지 가는 택시에서 길 도우미를
> 보았다. 박물관에 도착해서는 박물관 ② ⬚⬚⬚를 보며 돌아볼 곳을 정
> 했다. 점심을 먹고 경주 ③ ⬚⬚ 안내도를 보며 첨성대와 경주 월성 등의 위
> 치를 확인하고 가 보기로 했다. 지도 덕분에 더 많은 곳을 구경할 수 있었다.

① _____   ② _____   ③ _____

포함하는 말

글자를 이용해 다른 낱말을 포함하는 낱말을 만들어 쓰세요.

| 문 | 지 | 재 | 화 | 도 |

(1) ▢▢▢

석빙고　첨성대　경주 월성

(2) ▢▢

관광 안내도　지하철 노선도　박물관 안내도

올바른 발음

밑줄 친 낱말의 올바른 발음에 ✔ 하세요.

겹받침 'ㄹㄱ'은 문장을 끝낼 때 쓰는 '-다' 앞에서 [ㄱ]으로 발음해.

(1) 책을 읽다. → ▢[익따]　▢[일따]
(2) 하늘이 맑다. → ▢[막따]　▢[말따]
(3) 나무가 굵다. → ▢[국따]　▢[굴따]

토픽 한 줄 정리

지도를 이용해 본 적이 있니?

☐ 우리나라 지도　　☐ 세계 지도　　☐ 지하철 노선도　　☐ 관광 안내도

이 지도에서 ＿＿＿＿＿＿＿＿＿＿을(를) 찾아보았어.

지도에는 정해진 약속이 있어.
궁금하면 다음 장을 넘겨 봐! >>>>>

지도에 쓰인 약속

지도는 위에서 내려다본 땅의 실제 모습을 일정한 형식으로 줄여 나타낸 그림이에요. 땅 위의 모든 것을 그대로 옮길 수 없어서 지도를 그릴 때 몇 가지 약속을 정했어요.

첫 번째는 '축척'이에요. 축척은 실제 거리를 얼마나 줄였는지를 나타내는 거예요. 축척이 0 ⎯⎯ 250m이면 지도에서 1센티미터가 실제 거리로 250미터라는 뜻이에요. 축척을 알아야 실제 거리를 가늠할 수 있어요.

두 번째는 동서남북을 이용해 방향의 위치를 나타내는 표시인 '방위표'예요. 숫자 4를 닮은 모양인데, 위쪽의 꼭짓점이 북쪽, 왼쪽은 서쪽, 오른쪽은 동쪽, 아래쪽은 남쪽이에요. 방위를 알아야 위치를 정확히 파악해 길을 제대로 찾아갈 수 있어요.

세 번째는 어떤 장소를 간단하게 표시하는 '기호'예요. 산은 ▲, 학교는 ⛳로 나타내는 식이지요. 기호는 실제 장소를 본떠 만들기도 하지만 따로 약속을 정해 만들기도 해요. 그래서 기호의 뜻을 알려 주는 범례가 필요해요.

네 번째는 선과 색깔이에요. 지도에서는 높이가 같은 곳을 선으로 연결해 땅의 높낮이를 나타내는데 이것을 '등고선'이라고 해요. 또한 색깔로 땅의 높낮이를 나타내기도 하는데 산이나 고원처럼 높은 곳은 갈색, 들판처럼 낮은 곳은 초록색으로 나타내요. 등고선과 색깔을 보면 땅의 높낮이를 짐작할 수 있어요.

축척, 방위표, 기호, 등고선, 색깔 등 지도의 약속을 알면 지도를 잘 읽을 수 있어요.

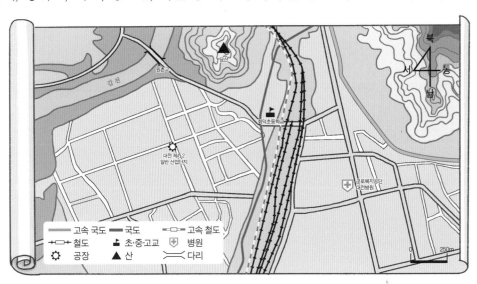

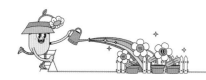
어휘 알기 색칠한 낱말과 초성을 보고 뜻풀이에 알맞은 낱말을 ___에 쓰세요.

| ㄱ | ㅇ | 산처럼 높은 곳에 있는 넓은 벌판.

_____

| ㅍ | ㅅ | 표를 하여 외부에 드러내 보임.

_____

| ㄱ | ㄴ | ㅎ | ㄷ | 사물을 어림잡아 헤아리다.

_____

독해력 기르기

01 지도를 볼 때 꼭 살펴보아야 할 것으로 이 글에서 제시한 것이 <u>아닌</u> 것은 무엇인가요?

(   )

① 축척   ② 방위표   ③ 기호와 범례

④ 등고선   ⑤ 지도의 크기

02 다음 빈칸에 들어갈 알맞은 말을 이 글에서 찾아 쓰세요.

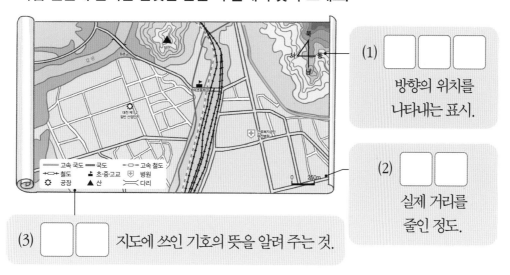

(1) □□□ 방향의 위치를 나타내는 표시.

(2) □□ 실제 거리를 줄인 정도.

(3) □□ 지도에 쓰인 기호의 뜻을 알려 주는 것.

03 방위표의 각 부분이 가리키는 방향을 빈칸에 쓰세요.

> 세 번째 문단을 보면 방위표가 가리키는 방향을 알 수 있어.

04 다음 중 지도를 바르게 읽지 <u>못한</u> 친구의 이름을 쓰세요. (   )

> **지아:** 우체국의 위치를 알려고 범례에서 우체국 기호를 먼저 찾아보았어.
> 그리고 지도에서 우체국 기호를 찾았더니, 위치를 금방 알 수 있었어.
> **봄이:** 지도에서 학교를 기준으로 방위표에 따라 시청의 위치를 살펴보니,
> 시청은 학교의 동쪽에 있었어.
> **강수:** 우리 고장의 산이 얼마나 높은지 알아보려고 지도에서 축척을 보았어.
> 축척이 $\underset{0 \quad\quad 250m}{\rule{2cm}{0.4pt}}$ 인 걸 보니 산이 엄청 높은가 봐!

05 이 글의 내용을 요약했어요. 빈칸에 들어갈 알맞은 말을 쓰세요.

①☐☐의 뜻	위에서 내려다본 땅의 실제 모습을 일정한 형식으로 줄여서 나타낸 그림이다.
지도에 쓰인 약속	• 축척은 실제 거리를 줄인 정도를 나타낸다. • 방위표는 방향의 위치를 나타내는 표시이다. • ②☐☐는 어떤 장소를 간단하게 표시한 것으로, 기호의 뜻은 범례를 이용해 나타낸다. • 높이가 같은 곳을 연결한 선인 ③☐☐☐과 색깔로 땅의 높낮이를 나타낸다.

① _____   ② _____   ③ _____

이름을 나타내는 말

빈칸에 알맞은 글자를 써넣어 방향을 나타내는 낱말을 완성하세요.

| 남 | 서 | 팔 | 방 | 사 |

동			북
동쪽, 서쪽, 남쪽, 북쪽,
즉 모든 방향.

| 사 | |
동, 서, 남, 북 네 방위를
통틀어 이르는 말.

| | 방 | | 방 |
여기저기 모든
방향이나 방면.

낱말의 관계

비슷한말에는 =, 반대말에는 ↔ 기호를 쓰세요.

줄이다	○	키우다
작은 상태로 되게 하다.		본래보다 크게 늘리다.

찾아가다	○	찾아오다
만나러 가다.		만나러 오다.

내려다보다	○	올려다보다
위에서 아래를 향하여 보다.		아래에서 위를 향하여 보다.

짐작하다	○	어림잡다
사정이나 형편 등을 헤아리다.		대강 짐작으로 헤아려 보다.

토픽 한 줄 정리

다음 장소를 지도에 나타낼 때 쓸 기호를 만들어 봐!

▲ 놀이공원

옛날에는 어떻게 지도를 만들었을까?
궁금하면 다음 장을 넘겨 봐! >>>>>

<대동여지도>를 만든 김정호

김정호는 어려서부터 지도에 관심이 많았어요. 누군가 지도를 보고 있으면 어느 틈에 거기에 끼어 넋을 잃고 지도를 보곤 했어요.

지도에 대한 그의 관심은 어른이 되어서도 멈추지 않았어요. 마침 조선은 상업이 발달하고 있어 지도가 널리 쓰이기 시작했어요.

"나는 제대로 된 지도를 만들고 싶네."

실학자 최한기는 김정호의 뜻을 이해하여, 지도와 지리에 관한 책을 많이 구해 주었어요. 김정호는 그 자료를 바탕으로 전국의 모습을 그린 <청구도>를 완성했어요. 이 지도에는 각 지역의 특산물이나 인구수 등도 함께 적혀 있어서 지역에 대해 잘 알 수 있었어요. <청구도>를 본 관리 신헌은 놀라워하며 김정호를 불렀어요.

"궁궐에 있는 지리지를 모두 보여 줄 테니, 더 정확한 지도를 만들어 보게."

김정호는 자료를 연구하여 새로운 지도를 만들기 시작했어요. 각 지역의 도로를 표시하고, 십 리마다 점을 찍어 거리를 알 수 있게 했어요. 또 복잡한 글자 대신 간단한 기호를 써서 성과 창고, 관아, 봉수대, 군부대 등의 위치를 기록했어요. ㉠미심쩍은 부분이 있으면 먼 곳이라도 직접 가서 확인했어요. 그렇게 해서 20여 년 만에 <동여도>를 완성했어요.

"지도를 목판으로 찍으면 많은 사람들이 사용할 수 있을 것이네."

최한기의 말에 김정호는 <동여도>에서 중요하지 않은 지명과 기호 등을 빼고 줄였어요. 나무 판으로 찍으려면 너무 복잡해서는 안 되었기 때문이에요. 그는 가지고 다니기 편하게 하려고 전국을 총 22개로 나누어 각각 책으로 엮었어요. 그리하여 22권의 책을 모두 펼쳐 놓으면 우리나라 전체 지도가 되는 <대동여지도>가 완성되었어요.

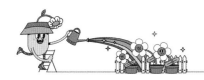

어휘 알기 색칠한 낱말과 초성을 보고 뜻풀이에 알맞은 낱말을 ___에 쓰세요.

| ㅈ | ㄹ | ㅈ |

일정한 지역의 지리적 특성을
적은 책.

_____

| ㅅ | ㅎ | ㅈ |

실생활에 도움이 되는 학문을
주장한 학자.

_____

| ㅁ | ㅅ | ㅉ | ㄷ |

분명하지 못하여 마음이
놓이지 않는 데가 있다.

_____

독해력 기르기

01 김정호가 만든 지도의 이름을 순서대로 쓰세요.

| | | | → | | | | → |

| | | | | |

02 김정호가 ㉠처럼 행동한 까닭은 무엇일지 알맞은 말에 ○ 하세요.

우리나라의 모습을 더 (아름답게 , 정확하게) 그리고 싶어서

03 김정호가 지도를 만드는 데 도움을 준 사람들이에요. 누가 어떤 도움을 주었는지 선
으로 이으세요.

(1) 최한기 •

(2) 신헌 •

• (가) 지도와 지리에 관한 책을
구해 주었다.

• (나) 궁궐에 있는 지리지를
보여 주었다.

04 김정호가 만든 지도에 대한 설명으로 알맞으면 ○, 알맞지 않으면 ╳ 하세요.

(1) 〈청구도〉에는 각 지역의 특산물, 인구수 등이 적혀 있다. (　　)

(2) 〈청구도〉는 전국 지도가 아닌 한양을 그린 지도이다. 　(　　)

(3) 〈동여도〉는 성과 창고 등의 위치를 기호로 나타냈다. 　(　　)

(4) 〈동여도〉를 완성하는 데 20여 년이 걸렸다. 　　　(　　)

05 김정호가 만든 다음 지도에 대해 바르게 말한 것을 모두 골라 ○ 하세요.

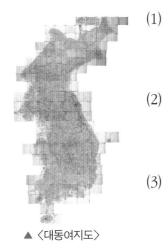
▲ 〈대동여지도〉

(1) 우리나라의 모습을 한 장의 종이에 그려 많은 사람이 쉽게 사용할 수 있게 했다.

(2) 나무 판에 새겨 종이에 찍어 낼 수 있게 만든 지도이다.

(3) 22권의 책자 형태로 만들어져 모두 펼치면 우리나라 전체 지도가 완성된다.

06 이 글의 내용을 요약했어요. 빈칸에 들어갈 알맞은 말을 쓰세요.

어려서부터 지도에 관심이 많았던 ①☐☐☐는 어른이 되어 정확한 지도를 만들기 위해 노력했다. 지도와 지리를 공부한 김정호는 각 지역에 관한 정보를 담은 〈청구도〉를 완성했다. 그리고 20여 년 만에 〈동여도〉를 완성했는데, 일정한 간격마다 ②☐을 찍어 거리를 나타내고, 주요 기관은 기호로 나타냈다. 김정호는 〈동여도〉를 간추려 많은 사람들이 쓸 수 있도록 나무 판에 새겼다. 이렇게 해서 22권의 책으로 이루어진 ③〈☐☐☐☐☐☐〉가 완성되었다.

① _____　　　② _____　　　③ _____

낱말의 뜻

빈칸에 들어갈 말을 찾아 선으로 이으세요.

(1)
완성하다
다 이루어 ☐☐☐
것으로 만들다. •

• (가) 적다

(2)
기록하다
사실이나 내용을 글이나
기호로 ☐☐. •

• (나) 어수선

(3)
복잡하다
여러 가지가 섞여 있어
☐☐☐하다. •

• (다) 완전한

관용 표현

밑줄 친 말의 뜻으로 알맞은 것에 ○ 하세요.

넋을 잃고 지도를 보다.

(1) 한 가지 일을 끝까지 하다.

(2) 어떤 사물을 보는 데 열중하여 정신이 없다.

토픽 한 줄 정리   김정호처럼 지도를 그려 봐!

☐ 내 방 지도   ☐ 우리 동네 지도

지도 이름 _____

요즘 우리가 쓰는 지도는 어떤 모습일까?
궁금하면 다음 장을 넘겨 봐! >>>>>

기술   설명하는 글

오늘날의 지도

요즘에는 종이 지도보다 최첨단 기술로 만든 디지털 지도를 주로 사용해요. 디지털 지도는 각종 지리 정보를 컴퓨터나 스마트폰 등 다양한 기기에서 이용할 수 있도록 디지털 정보로 표현한 지도예요.

디지털 지도는 종이 지도와는 달리 다양한 기능과 정보를 활용할 수 있어요. 예를 들어 길 도우미나 스마트폰 지도 앱에 들어 있는 디지털 지도를 이용하면 길을 쉽고 빠르게 찾을 수 있어요. 길 도우미나 스마트폰에는 인공위성에서 보내는 신호를 받아 위치를 파악하는 지피에스(GPS)라는 시스템이 있는데 이것을 이용해 내가 있는 곳의 위치와 목적지의 위치를 파악해 길을 찾아 주어요. 또 실시간으로 도로의 교통 상황을 파악해 사고가 나거나 길이 막힌 곳을 피해 빨리 갈 수 있는 길을 알려 주어요.

그 밖에 디지털 지도를 이용한 지도 앱에는 실제 거리 모습을 볼 수 있는 '로드 뷰' 기능이 있어요. 이 기능을 이용하면 낯선 곳을 찾아갈 때 도움이 되지요.

디지털 지도는 점점 정밀해지고 있어요. '초정밀 디지털 지도'는 건물이나 도로의 위치뿐만 아니라 차선의 너비, 신호등 같은 주변 사물에 대한 정보까지 담고 있어요.

지도가 발전할수록 우리의 생활도 편리해질 거예요.

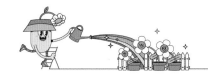

어휘 알기   색칠한 낱말과 초성을 보고 뜻풀이에 알맞은 낱말을 ___에 쓰세요.

| ㅈ | ㅁ | 아주 정교하고 치밀하여 빈틈이 없고 자세함.   _____

| ㄷ | ㅈ | ㅌ | 정보를 숫자로 바꾸어 나타내는 방식.   _____

| ㅍ | ㅇ | ㅎ | ㄷ | 어떤 대상을 확실하게 이해하여 알다.   _____

독해력 기르기

01   이 글을 쓴 목적으로 알맞은 것에 ○ 하세요.

(1) 길 도우미와 지도 앱을 많이 쓰자고 주장하기 위해   (   )

(2) 디지털 지도가 무엇이고, 어떻게 쓰이는지 알려 주기 위해 (   )

02   이 글의 내용으로 알맞으면 ○, 알맞지 않으면 ✕ 하세요.

(1) 디지털 지도는 각종 지리 정보를 디지털 정보로 표현한 지도이다. (   )

(2) 오늘날에는 디지털 지도보다 종이 지도를 더 많이 쓴다.   (   )

(3) 길 도우미나 스마트폰 지도 앱에 디지털 지도가 들어 있다.   (   )

(4) 초정밀 디지털 지도에는 큰 건물이나 도로의 위치만 표시된다.   (   )

03   이 글에 나오는 '지피에스(GPS)'는 무엇인지 빈칸에 알맞은 말을 쓰세요.

| | | | | 의 신호를 받아 위치를 파악하는 시스템

04 다음 친구가 이용한 '이것'은 무엇일지 알맞은 것에 ○ 하세요.

> 여행을 가기 전에 우리가 묵을 곳 주변의 모습과 시설이 궁금해서 '이것'을 이용했어. 직접 가서 보는 것처럼 주변을 생생하게 둘러볼 수 있어서 큰 도움이 되었어.

(1) 여행 책자 (   )   (2) 종이 지도 (   )   (3) 지도 앱의 로드 뷰 (   )

05 이 글을 읽고 생각한 내용을 바르게 말한 친구에 ○ 하세요.

(1)
> 디지털 지도는 지금도 최고 수준이야. 지금보다 더 좋은 지도는 나올 수 없을 거야.

(2)
> 지도는 점점 발전하고 있어. 앞으로 어떤 지도가 우리 생활을 편리하게 해 줄지 기대가 돼.

06 이 글의 내용을 요약했어요. 빈칸에 들어갈 알맞은 말을 쓰세요.

> ①☐☐☐ ☐☐는 각종 지리 정보를 디지털 정보로 표현한 지도이다. 길 도우미나 스마트폰 지도 앱에 들어 있는 디지털 지도를 이용하면 현재 위치를 파악해 길을 빠르게 찾을 수 있다. 이는 인공위성의 신호를 받아 ②☐☐를 파악하는 지피에스(GPS)라는 시스템을 이용하기 때문이다. 디지털 지도는 더욱 정밀해지고 있으며, 지도의 발달로 우리 생활은 ③☐☐해질 것이다.

① _____   ② _____   ③ _____

 뜻을 더하는 말

빈칸에 알맞은 말을 쓰세요.

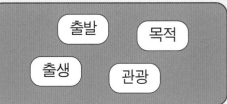

출발　목적
출생　관광

-지

어떤 낱말 뒤에 붙어
'장소'의 뜻을 더한다.

□□지	□□지	□□지
목적으로 삼는 곳.	사람이 태어난 곳.	경치가 뛰어나거나 유적지 등이 있어 구경할 만한 곳.

 틀리기 쉬운 말

바르게 쓰인 말에 ○ 하세요.

받침이 있는 낱말 뒤에	-이에요 (○)	-이예요 (✕)
받침이 없는 낱말 뒤에	-예요 (○)	-에요 (✕)

문장을 끝낼 때 쓰는
'-이에요', '-예요'의
쓰임을 알고 바르게 쓰도록 해.
참고로 '-예요'는 '-이에요'의
준말이야.

(1) 우리 반 (친구에요 , 친구예요).

(2) 엄마가 곧 오실 (거에요 , 거예요).

(3) 정말 재미있는 (책이에요 , 책이예요).

토픽 한 줄 정리　디지털 지도를 이용해 어디를 찾아볼래?

☐ 인터넷에 있는 디지털 지도　　　　☐ 스마트폰 지도 앱에 있는 디지털 지도

_____에서 _____까지 가는 길을 찾아볼래!

세상이
불평등하면 어떤
일이 생길까?!

불평등을
바로잡을 수 있는
방법은?

세상은
정말
불평등할까?

불평등

불평등은
왜
나쁠까?

| 이익이 한쪽으로 치우쳐 있거나 차별이 있는 것.

불평등이 사라지면
무엇이 좋을까?

우리 사회에서
볼 수 있는 불평등한
모습은?

불평등에 맞선
사람에는
누가 있을까?

불평등은
왜
생길까?

1일   불평등은 왜 나쁠까?

「홍길동전」
우리 | 고전

2일   세상은 정말 불평등할까?

「식량 불평등은 왜 생길까?」
사회 | 설명하는 글

3일   불평등에 맞선 사람에는 누가 있을까?

「로자 파크스, 불평등에 맞서다」
세계 | 인물

4일   불평등이 사라지면 무엇이 좋을까?

「불평등이 사라진다면?」
사회 | 토의문

5일   불평등을 바로잡을 수 있는 방법은?

「양성평등 사회, 우리가 만들어요」
사회 | 설명하는 글

홍길동전

길동은 어려서부터 글공부를 좋아했어요. 길동은 아버지처럼 재상이 되어 나랏일을 하고 싶었어요.

하루는 길동이 마당 한구석에 앉아 책을 읽고 있었어요. 마당을 쓸던 하인들이 길동이 있는 쪽으로 비질을 했어요.

"아이, 먼지 때문에 글이 안 보이잖아."

길동이 투덜대자 하인들은 길동을 향해 더 세게 비질을 했어요.

"써먹지도 못할 책을 뭐 하려고 읽느냐? 양반 흉내 내지 말고 비질이나 해!"

"그러게. 종의 몸에서 태어난 종놈이 무슨 글공부야!"

"뭐라고? 우리 아버지는 홍 대감이거든."

길동이 주먹을 치켜들었어요. 때마침 홍 대감의 아들이자 길동의 형인 인형이 지나갔어요. ㉠길동은 얼른 인형한테 뛰어갔어요.

"형님, 저놈들이 나보고 종놈이래요."

"너는 천한 피가 섞였으니 종놈이 맞다. 다시는 나를 형님이라 부르지 마라!"

인형이 싸늘하게 내뱉고 가 버렸어요. 길동은 어머니한테 달려갔어요.

"어머니, 형님이 형님이라 부르지 말래요. 그럼 아버지도 아버지라 부르면 안 되는 거예요?"

어머니는 길동의 등을 쓸어내리며 소리 없이 울었어요.

"미안하다, 길동아. 어미의 신분이 천한 탓에 너까지……."

어머니는 자신이 종이라서 잘난 자식의 앞길을 막는다 생각하니 가슴이 찢어졌어요. 어머니는 정식 혼례를 올리지 못한 첩이었어요. 첩의 자식은 아무리 똑똑해도 벼슬은커녕 과거조차 볼 수 없었어요. 실망한 길동은 결심했어요.

'차라리 무예를 닦아야겠다.'

집을 떠난 길동은 탐관오리의 재물을 훔쳐 굶주린 백성에게 나누어 주는 '활빈당'의 우두머리가 되었어요.

어휘 알기 색칠한 낱말과 초성을 보고 뜻풀이에 알맞은 낱말을 ____에 쓰세요.

| ㅈ | 예전에, 남의 집에 딸려 천한 일을 하던 사람. | _____ |

| ㅅ | ㅂ | 사회 안에서 개인이 가지고 있는 역할이나 지위. | _____ |

| ㅌ | ㄱ | ㅇ | ㄹ | 백성의 재물을 탐내어 빼앗는, 행실이 깨끗하지 못한 관리. | _____ |

독해력 기르기

01 홍길동에 대한 설명으로 알맞지 <u>않은</u> 것은 무엇인가요? (   )

① 글 읽는 것을 좋아했다.

② 양반인 아버지와 종인 어머니 사이에서 태어났다.

③ 아버지를 아버지라, 형을 형이라 부르지 못했다.

④ 종의 자식이라 과거를 보거나 벼슬을 할 수 없다는 사실에 실망했다.

⑤ 백성들의 재물을 빼앗는 도적 떼의 우두머리가 되었다.

02 홍길동이 ㉠과 같이 행동한 까닭을 바르게 말한 친구에 ○ 하세요.

(1)
형에게 자기를 무시하는 하인들을 혼내 달라고 말하러 간 거야.

(2)
형이 평소에 길동을 예뻐했기 때문에 반가워서 달려간 거야.

03 이 글을 통해 홍길동이 살던 시대에 대해 알 수 있는 내용으로 알맞으면 ○, 알맞지 않으면 ✕ 하세요.

(1) 태어날 때부터 사람의 신분이 정해져 있었다.   (   )

(2) 신분과 상관없이 누구나 하고 싶은 일을 할 수 있었다. (   )

(3) 신분이 좋으면 아무리 똑똑해도 벼슬을 할 수 없었다. (   )

04 홍길동의 마음을 바르게 이해하지 <u>못한</u> 친구의 이름을 쓰세요.

(   )

> **지민:** 신분이 낮다는 이유로 형을 형이라 부르지 못하고, 아버지를 아버지 라고 부르지 못하다니! 길동은 정말 속상했을 것 같아.
>
> **기웅:** 글공부를 아무리 열심히 해도, 벼슬은커녕 과거조차 볼 수 없다는 걸 알았을 때 너무 답답하고 화가 났을 것 같아.
>
> **소희:** 책을 읽어도 쓸모가 없다는 걸 알게 되었잖아. 신나게 놀기만 하면 되 니까 좋았을 것 같아.

05 이 글의 내용을 요약했어요. 빈칸에 들어갈 알맞은 말을 쓰세요.

> 어려서부터 글공부를 좋아했던 ①☐☐은 아버지처럼 나랏일을 하고 싶 었다. 어느 날 하인들과 형이 길동의 신분이 천하다고 무시했다. 아버지는 양반이지만 어머니가 ②☐이라는 이유로 형을 형이라 부를 수 없고, 벼슬 은커녕 과거조차 볼 수 없다는 사실에 길동은 크게 실망했다. 무예를 닦기 로 결심한 길동은 집을 떠나 탐관오리의 재물을 훔쳐 백성에게 나누어 주 는 ③☐☐☐의 우두머리가 되었다.

① ＿＿＿＿＿＿＿＿   ② ＿＿＿＿＿＿＿＿   ③ ＿＿＿＿＿＿＿＿

낱말의 반대말

낱말의 반대말을 찾아 빈칸에 쓰세요.

| 나쁘다 | 못나다 | 온화하다 | 귀하다 | 침착하다 |

천하다	잘나다	싸늘하다
신분, 지위 따위가 낮다.	능력이 남보다 앞서다.	사람의 성격 따위가 차가운 데가 있다.

⇕　⇕　⇕

☐☐☐	☐☐☐	☐☐☐☐
신분, 지위 따위가 높다.	능력이 남보다 모자라다.	성격, 태도 따위가 온순하고 부드럽다.

관용 표현

밑줄 친 말과 뜻이 비슷한 표현에 ○ 하세요.

길동이 슬퍼하는 모습에 어머니는 <u>가슴이 찢어졌다.</u>

(1) 억장이 무너지다
깊은 슬픔으로 몹시 괴롭다.

(2) 가슴이 방망이질하다
심장이 몹시 두근거리다.

토픽 한 줄 정리

나쁜 양반의 재물을 훔쳐 백성에게 나눠 주는 것을 어떻게 생각하니?

☐ 찬성!　　☐ 반대!

왜냐하면 _____ 때문이야.

 식량 불평등에 대해 알고 있니?
궁금하면 다음 장을 넘겨 봐! >>>>>

식량 불평등은 왜 생길까?

가 어떤 나라에서는 음식이 남아 쓰레기로 버려지고, 어떤 나라에서는 먹을 것이 부족해 아이들이 굶어 죽어 가고 있어요. 왜 이런 일이 벌어지는 걸까요?

나 산업이 발전한 부자 나라에서는 더 맛있고 좋은 음식을 찾아요. 특히 고기나 우유, 설탕으로 만든 음식을 좋아해요. 그런데 이 음식의 재료가 되는 가축이나 사탕수수 같은 농작물은 대부분 가난한 나라에서 키워요. 가난한 나라들은 농작물을 부자 나라에 팔아 돈을 벌지요. 하지만 너무 싼값에 팔려서 아무리 일해도 식량을 살 돈이 부족해요. 또 가축을 키우느라 땅을 목초지로 바꾸어 정작 자기 나라 사람들이 먹을 곡식을 심을 땅이 부족해요.

다 부자 나라의 공장, 자동차 등에서 나온 오염 물질이 지구 온난화를 일으켜 농사짓기가 힘들어진 것도 식량이 부족해진 이유예요. 우리가 누리는 편안한 생활이 가난한 나라 사람들을 굶주리게 만들고 있는 거예요.

라 식량 부족을 해결하는 방법은 여러 가지예요. ㉠가장 쉽고 빠른 방법은 음식이 쓰레기로 버려지지 않도록 아껴서, 굶주리는 사람들에게 직접 보내는 거예요. 가난한 나라 사람들이 스스로 식량을 생산하도록 돕는 방법도 있어요. ㉡농작물이나 가축을 제값에 사고, 달라진 기후에 적응하는 농사법을 알려 주는 거예요.

마 식량 불평등 문제를 하루아침에 해결할 수는 없어요. 하지만 전 세계 사람들이 함께 노력한다면 굶주림으로 죽어 가는 사람들을 살릴 수 있어요.

어휘 알기 색칠한 낱말과 초성을 보고 뜻풀이에 알맞은 낱말을 ＿＿에 쓰세요.

| ㅅ | ㄹ | 사람이 살아가기 위해 필요한 곡식 등의
먹을거리.   ＿＿＿＿＿＿＿＿＿＿

| ㅁ | ㅊ | ㅈ | 가축의 사료가 되는 풀이 자라는 곳.   ＿＿＿＿＿＿＿＿＿＿

| ㄱ | ㅈ | ㄹ | ㄷ | 먹을 것이 없어서 배를 곯다.   ＿＿＿＿＿＿＿＿＿＿

독해력 기르기

01 이 글은 무엇에 관한 것인지 빈칸에 알맞은 말을 쓰세요.

| | | | | | 이 생기는 원인과 해결 방법

02 이 글의 내용으로 알맞으면 ○, 알맞지 않으면 ✕ 하세요.

(1) 세계에는 식량이 부족해 굶주리는 사람들이 있다.　　（　　　）

(2) 음식물이 남아서 쓰레기로 버려지는 나라도 있다.　　（　　　）

(3) 식량 불평등은 가난한 나라의 잘못으로 일어난 일이다.（　　　）

03 ㉮~㉺ 중 식량 불평등이 생겨난 원인을 설명하는 문단을 모두 고르세요.

（　　　,　　　）

① ㉮　　　　　② ㉯　　　　　③ ㉰　　　　　④ ㉱　　　　　⑤ ㉲

04 다음은 ㉠과 ㉡ 중 무엇의 예로 적절한지 알맞은 것의 기호를 쓰세요. ( )

> 국제 연합(UN)에 속한 세계 식량 계획(WFP)은 매년 80개국 이상의 나라에 식량을 포함한 구호 물품을 보내고 있다. 우리나라 역시 세계 식량 계획을 통해 식량 부족을 겪고 있는 나라에 '쌀'을 보냈다.

05 이 글을 읽고 생각하거나 알게 된 점으로 알맞지 <u>않은</u> 내용을 말한 친구의 이름을 쓰세요. ( )

> 준수: 식량 불평등은 어느 한 나라만의 문제가 아니라 전 세계 사람들이 함께 해결해야 할 문제라는 걸 알게 되었어.
>
> 가영: 우리가 고기를 먹어서 식량 불평등이 생겼다는 걸 알게 되었어. 앞으로 고기랑 우유는 절대 먹지 않을 거야.
>
> 슬비: 지구 온난화가 식량 불평등을 만드는 원인이라는 걸 알았어. 환경 오염을 줄이면 식량 불평등을 해결하는 데 도움이 될 거야.

06 이 글의 내용을 요약했어요. 빈칸에 들어갈 알맞은 말을 쓰세요.

주제	①□□ 불평등
문제의 원인	• 가난한 나라는 ②□□ 나라 사람들이 먹을 음식의 재료가 되는 가축이나 농작물을 키워 파느라 자기 나라 사람들이 먹을 곡식을 키우지 못한다. • 부자 나라의 공장 등에서 나온 오염 물질이 지구 온난화를 일으켜 농사짓기가 어렵다.
해결 방법	굶주리고 있는 가난한 나라 사람들에게 직접 음식을 보내거나, 달라진 기후에 적응하는 ③□□□을 알려 주어 스스로 식량을 생산할 수 있게 돕는다.

① _____   ② _____   ③ _____

뜻을 더하는 말

빈칸에 알맞은 말을 쓰세요.

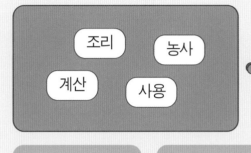

조리   농사
계산   사용

-법

어떤 낱말 뒤에 붙어
'규칙' 또는 '방법'의
뜻을 더한다.

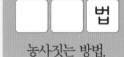
| | |법

농사짓는 방법.

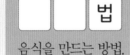
| | |법

음식을 만드는 방법.

| | |법

쓰는 방법.

낱말의 뜻

각 낱말의 뜻을 찾아 선으로 이으세요.

(1) 제값 •

(2) 싼값 •

• (가) 보통의 값보다 헐한 값.

• (나) 물건이 가지고 있는 가치에 맞는 가격.

토픽 한 줄 정리

식량 불평등을 바로잡기 위해 네가 할 일을 찾아봐!

☐ 음식물 쓰레기 줄이기   ☐ 가난한 나라의 굶주림 문제에 관심 갖기

☐ _____

불평등에 맞선 용기 있는 인물을 알고 있니?
궁금하면 다음 장을 넘겨 봐! >>>>>

로자 파크스, 불평등에 맞서다

1955년 12월 1일이었어요. 일을 마친 로자 파크스는 집에 가려고 버스에 탔어요. 그날도 평소처럼 버스 앞문 발판에 올라서서 요금 통에 돈을 넣고, 뒷문으로 올라탔어요. 흑인은 뒷문으로 타서 뒤쪽 자리에 앉아야 했으니까요.

그런데 얼마 뒤, 버스 기사가 로자에게 자리에서 일어나라고 했어요. 백인 승객이 많아지자 흑인들이 앉아 있는 자리까지 그들에게 내주려는 거였어요.

"일어나지 않겠어요!"

로자가 거부하자 버스 기사는 경찰을 불렀어요. 로자는 겁이 났지만 부당하게 자리를 빼앗기고 싶지 않았어요. 어디서나 백인이 우선이고, 흑인은 백인과 같은 식당이나 상점에 갈 수도 없고, 심지어 버스나 기차에서도 자리를 나누어야 하는 차별과 불평등에 지치고 화가 났기 때문이에요.

경찰은 ㉠'분리에 관한 법률'을 어겼다며 로자를 체포했어요. 이 소식이 전해지자, 지역 여성 단체 회원들이 로자의 재판일에 맞춰 '버스 승차 거부' 운동을 펼치기로 했어요.

"오늘은 버스를 타지 말고 걸어 다닙시다!"

백인이 아닌 다른 피부색을 가진 사람들이 운동에 참여했어요. 그동안 피부색으로 사람을 차별하는 것에 부당함을 느끼던 사람들이 나선 거예요. 그러나 이들의 항의에도 로자는 결국 벌금을 내야 했어요.

이 일을 계기로 사람들은 다 함께 인종 분리 정책에 맞서 싸워야 한다는 걸 깨달았어요. 버스 승차 거부 운동은 인권 운동가 마틴 루서 킹 목사가 중심이 되어 무려 일 년 동안 계속되었어요.

그리고 마침내 '인종 분리는 불법'이라는 미국 연방 대법원의 판결을 이끌어 냈어요. 불평등에 맞선 로자의 용기 있는 행동이 세상을 올바르게 이끄는 불씨가 된 거예요.

어휘 알기 색칠한 낱말과 초성을 보고 뜻풀이에 알맞은 낱말을 _____에 쓰세요.

| ㅎ | ㅇ | 의견에 맞서거나 옳지 않다고 여겨 따지는 것. |

_____

| ㅂ | ㄷ | ㅎ | ㄷ | 이치에 맞지 않다. |

_____

| ㄱ | ㅂ | ㅎ | ㄷ | 동의하거나 받아들이지 않고 물리치다. |

_____

독해력 기르기

01 이 글은 누구에 관한 것인가요? 빈칸에 알맞은 인물 이름을 쓰세요.

02 이 글의 주인공이 경찰에 체포된 까닭으로 알맞은 것에 ○ 하세요.

(1) 버스에서 노인에게 자리를 양보하지 않아서   (   )

(2) 버스에서 백인에게 자리를 내주라는 요구를 거부해서 (   )

03 이 글의 내용을 바탕으로 ㉠에 대해 바르게 짐작한 친구에 ○ 하세요.

(1)
경찰의 말을 어기면
체포하는 법이야.
로자는 경찰의 말을
따르지 않았어.

(2)
식당이나 상점, 버스 등에서
백인과 흑인을 나누어
차별하는 법이야. 로자는
이 법에 맞섰어.

04 이 글의 장면을 보고, 일이 일어난 순서대로 기호를 쓰세요.

(   ) → (   ) → (   ) → (   )

05 이 글의 내용을 바르게 이해한 친구의 이름을 쓰세요. (   )

> 재우: 로자의 용기 있는 행동이 사회의 잘못을 바로잡는 데 큰 역할을 한 것
> 같아. 잘못된 법에 맞선 로자의 용기 있는 행동을 칭찬하고 싶어.
> 민희: 로자가 나설 때까지 아무도 인종 분리 정책이 잘못되었다는 걸 몰랐다
> 니 정말 실망이야.

06 이 글의 내용을 요약했어요. 빈칸에 들어갈 알맞은 말을 쓰세요.

> 로자는 일을 마치고 집으로 가려고 버스를 탔다. 백인 승객이 많아지자, 버스 기
> 사가 로자에게 자리를 양보하라고 했다. 로자는 계속되는 흑인 ①◻◻에 화가
> 나 자리를 양보하지 않았다. 로자는 경찰에 체포되었고, 사람들은 이에 항의하기
> 위해 ②◻◻ 승차 거부 운동을 펼쳤다. 로자의 일을 계기로 사람들은 인종 분
> 리 정책에 맞서 싸워야 한다는 것을 깨달았고, 마침내 '인종 분리는 ③◻◻'이
> 라는 판결을 이끌어 냈다.

① _____ ② _____ ③ _____

뜻을 더하는 말

빈칸에 알맞은 말을 쓰세요.

재판	선거
관측	공휴

+

-일
어떤 낱말 뒤에 붙어
'날'의 뜻을 더한다.

☐☐ 일
재판이 열리는 날.

☐☐ 일
조직이나 집단의
대표자를 뽑는 날.

☐☐ 일
국가나 사회에서
정해 다 함께 쉬는 날.

 낱말의 뜻

글자를 이용해 뜻에 해당하는 낱말을 만들어 쓰세요.

판	권
인	포
체	결

☐☐ 법에 따라 죄가 있거나, 있다고 생각하는 사람을 붙잡는 것.

☐☐ 재판에서 옳고 그름을 법률로 따져서 결정하는 것.

☐☐ 인간으로서 당연히 가지는 기본적인 권리.

토픽 한 줄 정리 다른 사람과 자신을 비교해 보고, 다른 점을 모두 찾아봐!

☐ 머리 색깔　☐ 머리 모양　☐ 얼굴색　☐ 얼굴 모양
☐ 얼굴 크기　☐ 눈 크기　☐ 눈동자 색깔　☐ 눈썹 모양
☐ 코 모양　☐ 코 크기　☐ 입 크기　☐ 입술 모양

 불평등이 사라지면 무엇이 좋을까?
궁금하면 다음 장을 넘겨 봐! >>>>>

불평등이 사라진다면?

재원 불평등이 사라지면 좋은 점에 대해 한 사람씩 의견을 말해 볼까요?

가빈 불평등은 사람들을 불행하게 만들어요. 성별이나 피부색이 다르고 장애가 있다
는 이유로 차별하니까요. 하고 싶은 일을 성별이나 피부색, 장애 때문에 하지 못
한다면 너무 불행할 거예요. 불평등이 사라지고, 공평한 기회가 주어진다면 누구
나 원하는 일을 할 수 있고 더욱 행복해질 거예요.

수원 불평등은 다툼이나 전쟁의 원인이 되기도 해요. 불평등을 겪으면 사람들의 마음
속에 불만이 생기고, 분노가 쌓여요. 그러면 서로를 미워하며 다투게 되지요. 실
제로 불평등 지수가 높은 나라일수록 범죄가 많이 일어나고 사람들 사이에 갈등
도 많다고 해요. 불평등이 사라지면 다툼과 갈등이 줄어서 더 평화롭고 안전한
세상에서 살 수 있어요.

선율 어떤 사람은 많이 먹어서 아프고, 어떤 사람은 먹지 못해서 아파요. 불평등은 우
리를 아프게 해요. 서로가 가진 것을 나누며, 불평등을 줄이기 위해 노력한다면
아픈 사람도 줄어들 거예요.

재원 평등한 세상이 되면 좋은 점이 정말 많군요. ㉠평등한 세상을 위해 우리가 할 수
있는 일이 무엇인지 함께 찾아봅시다.

어휘 알기 색칠한 낱말과 초성을 보고 뜻풀이에 알맞은 낱말을 ___에 쓰세요.

| ㅂ | ㄴ | 몹시 분하게 여기고 성을 냄. | _____ |

| ㄱ | ㄷ | 사람들끼리 생각이 달라 서로 적처럼 대하거나 다툼. | _____ |

| ㄱ | ㅍ | ㅎ | ㄷ | 어느 쪽으로도 치우치지 않고 고르다. | _____ |

독해력 기르기

01 이 글을 통해 자세히 알 수 있는 내용이 <u>아닌</u> 것에 ✕ 하세요.

(1) 불평등이 사라지면 좋은 점 (　　　)

(2) 불평등으로 인해 생기는 문제 (　　　)

(3) 평등한 세상을 위해 우리가 할 일 (　　　)

02 다음은 누구의 의견인지 선으로 바르게 이으세요.

(1) 불평등이 사라지면 세상은 더 안전해질 것이다. •

(2) 불평등이 사라지면 사람들이 행복해질 것이다. •

(3) 불평등이 사라지면 아픈 사람이 줄어들 것이다. •

• (가) 선율

• (나) 수원

• (다) 가빈

03 다음 내용은 이 글에 나온 친구 중 누구의 의견과 비슷한가요? 알맞은 친구의 이름을 쓰세요. (   )

> 우리나라 대중교통 수단은 계단이 많고, 문턱이 높아 휠체어를 타는 장애인이 이용하기에는 불편한 점이 많아요. 가고 싶은 곳에 마음대로 갈 수 없다는 건 참 속상한 일이에요. 장애인이 편리하게 이동할 수 있는 대중교통 수단이 더 많아지면 좋겠어요.

04 ㉠을 바르게 실천한 친구에 ◯ 하세요.

(1)
> 외국인 친구를 피부색에 따라 구분해서 서로 다르게 대했어.

(2)
> 식당에서 음식을 많이 시켰었는데 이제는 먹을 만큼만 주문해. 아낀 음식값은 기부하고 있어.

05 이 글의 내용을 요약했어요. 빈칸에 들어갈 알맞은 말을 쓰세요.

> 성별이나 피부색이 다르고 장애가 있다는 이유로 사람을 차별하는 불평등이 사라지면 사람들은 더 ①◻◻해질 수 있다. 불평등이 사라져 다툼과 갈등이 줄어들면 세상은 더 평화롭고 ②◻◻해질 것이다. 불평등이 사라지면 아픈 사람도 줄어들 것이다. ③◻◻한 세상을 만들기 위해 우리가 할 수 있는 일을 찾아보자.

① _____   ② _____   ③ _____

낱말의 뜻

빈칸에 들어갈 알맞은 말을 찾아 선으로 이으세요.

(1)
행복하다
생활에서 충분한 만족과
☐☐을 느끼어 흐뭇하다.

(가) 위험

(2)
찾아보다
어떤 것을 알기 위하여
☐☐하거나 살피다.

(나) 조사

(3)
안전하다
☐☐이 생기거나
사고가 날 걱정이 없다.

(다) 기쁨

올바른 발음

밑줄 친 낱말의 올바른 발음에 ✓ 하세요.

(1) 사과를 <u>깎다</u>. → ☐ [깍따] ☐ [깍다]
(2) 불평등을 <u>겪다</u>. → ☐ [격따] ☐ [격다]
(3) 운동화 끈을 <u>묶다</u>. → ☐ [묵따] ☐ [묵다]
(4) 바닥을 깨끗이 <u>닦다</u>. → ☐ [닥따] ☐ [닥다]

'ㄲ' 받침 뒤에 오는
자음 'ㄱ, ㄷ, ㅂ, ㅅ, ㅈ'은
된소리로 발음하는
경우가 많아.

토픽 한 줄 정리

불평등이 사라지면 어떤 점이 좋을까?

☐ 모두가 행복해져! ☐ 세상이 안전해져! ☐ 아픈 사람이 줄어들어!

☐ _____

불평등을 바로잡는 방법이 있대.
궁금하면 다음 장을 넘겨 봐! >>>>>

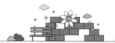

양성평등 사회, 우리가 만들어요

오랫동안 우리 사회에는 여자와 남자가 서로 다르다고 생각하고, 성별에 따라 다른 행동을 기대하는 '성 역할 고정관념'이 있었어요. 그래서 여자와 남자의 직업을 구분하고, 다른 성에게는 기회를 주지 않는 불공평이 있었어요.

요즘은 남자가 집에서 살림을 하기도 하고, 간호사나 유치원 교사 같은 직업을 가지기도 해요. 여자는 남자의 일이라고 여기던 경찰관, 소방관 등의 직업을 가지고요. 예전에 비해 성별에 따라 차별하지 않는 '양성평등'에 조금 가까워진 거예요.

하지만 ㉠우리가 무심코 하는 말이나 행동에 여전히 성별에 따른 차별과 고정관념이 남아 있어요. 여자아이에게는 분홍색 옷을 입히고 남자아이에게는 파란색 옷을 입힌다거나, 남자아이는 씩씩하고 여자아이는 얌전해야 한다고 말하는 것 등이에요.

사소해 보이는 말과 행동이지만 이런 것들이 쌓이면 편견이 만들어져요. 편견이 쌓이면 고정관념이 되고, 차별이 생길 수 있어요. 남자여서 좋아하고, 여자여서 싫어하는 것은 없어요. 사람마다 좋아하고 싫어하는 것이 다를 뿐이에요. 우리가 편견과 고정관념이 담긴 말과 행동을 바꾸려고 노력하면 차별과 불공평도 사라질 거예요. 그러면 모두가 행복한 세상을 만들 수 있어요.

어휘 알기 색칠한 낱말과 초성을 보고 뜻풀이에 알맞은 낱말을 ___에 쓰세요.

| ㅍ | ㄱ | 공정하지 못하고 한쪽으로 치우친 생각. | _____ |

| ㄱ | ㄷ | 어떤 일이 원하는 대로 이루어지기를 바라면서 기다림. | _____ |

| ㄱ | ㅈ | ㄱ | ㄴ | 마음속에 굳어 있어 변하지 않는 생각. | _____ |

독해력 기르기

01 이 글에 나오는 말 중 다음 설명에 해당하는 말은 무엇인가요? (   )

> 여성 또는 남성이라는 이유로 사람들에게 차별받지 않고 능력에 따라 기회와 권리를 누리는 것.

① 차별   ② 편견   ③ 양성평등
④ 불공평   ⑤ 성 역할 고정관념

02 이 글을 읽고 알게 된 점에 대해 바르게 말한 친구에 ○ 하세요.

(1)
직업을 고를 때는 남자 직업, 여자 직업이 무엇인지를 따져야 한다는 것을 알게 되었어.

(2)
오늘날에는 예전에 비해 성별과 상관없이 직업을 고르는 사람들이 많다는 것을 알게 되었어.

03 ㉠에 해당하는 말이 <u>아닌</u> 것은 무엇인가요? (   )

① 운동은 여자보다 남자가 더 잘해.

② 여자는 날씬해야 하고, 남자는 키가 커야 해.

③ 남자는 힘이 세니까 무거운 짐은 무조건 남자가 들어야 해.

④ 남자와 여자가 신체적으로 다르다고 능력이 다른 건 아니야.

⑤ 엄마는 집에서 살림을 하고, 아빠는 회사를 다니는 게 당연한 거야.

04 양성평등을 이루기 위해 우리가 할 수 있는 일로 알맞은 것에 ○ 하세요.

(1)
성별에 따른 편견이나
고정관념이 담긴 말과 행동을
하지 말아야 한다.

(2)
성별에 따라 할 수 있는
놀이와 직업을
구분해야 한다.

05 이 글의 내용을 요약했어요. 빈칸에 들어갈 알맞은 말을 쓰세요.

우리 사회에는 오랫동안 성별에 따라 행동을 기대하는 성 역할 ①☐☐☐☐
이 있었다. 오늘날에는 예전에 비해 성별에 따른 역할 구분이 덜해지고 성별에
따라 차별받지 않는 ②☐☐☐☐에 가까워지고 있다. 하지만 생활 속에서
무심코 하는 ③☐과 행동에는 여전히 차별의 의미를 담은 것들이 있다. 말과
행동을 하나씩 바꾸면 차별과 불공평이 사라지고, 모두가 행복해질 수 있다.

① _____   ② _____   ③ _____

 어휘력 더하기

📖 낱말의 반대말

낱말의 반대말을 찾아 빈칸에 쓰세요.

┌───┐
│ 얌전하다   지키다   바꾸다   이상하다   사소하다 │
└───┘

극성맞다	중요하다	유지하다
성질이나 행동이 몹시 드세거나 왕성하다.	큰 의미나 가치가 있다.	어떤 상태나 상황을 변함없이 이어 가다.

⬍　⬍　⬍

⬜⬜⬜⬜	⬜⬜⬜⬜	⬜⬜⬜
조용하고 침착하며 단정하다.	보잘것없거나 중요하지 않다.	원래의 내용이나 상태를 다르게 고치다.

📖 꾸며 주는 말

빈 곳에 들어갈 알맞은 꾸며 주는 말을 찾아 선으로 이으세요.

(1) 내가 _____ 한 말 때문에 마음이 상했다면 정말 미안해. ·

(2) 너는 _____ 착하고 부지런하구나. ·

· (가) 여전히

· (나) 무심코

토픽 한 줄 정리

양성평등을 위해 금지해야 할 말을 써 봐!

☐ 여자라서 그래.　　☐ 남자라서 그래.　　☐ 여자는 얌전해야지.

☐ 남자는 울면 안 돼.　　☐ 여자는 예뻐야 해.　　☐ 남자는 힘이 세야 해.

☐ _____

1일 파랑새
11-13쪽

어휘 알기
앓다, 기적, 실망

독해력 기르기
01 파랑새
02 (1)-(다) (2)-(가) (3)-(나)
03 (1) × (2) ○
04 (3) ○   05 (1) ○
06 ① 요정 ② 숲 ③ 행복

어휘력 더하기
이름을 나타내는 말 자매, 형제, 남매
뜻이 비슷한 말 (1)-(나) (2)-(다) (3)-(가)

| 독해력 기르기 |

01 요정은 틸틸과 미틸에게 아픈 아이를 위해 파랑새를 찾아 달라고 부탁했습니다.

02 틸틸과 미틸은 기억의 나라에서 돌아가신 할아버지와 할머니를 만나 즐거운 시간을 보내고, 밤의 궁전에서 파랑새를 잡았지만 새가 금방 죽어 버렸습니다. 숲의 나라에서는 나무꾼의 아이들이라는 이유로 나무들에게 쫓겨났습니다.

03 틸틸과 미틸은 파랑새를 찾아 모험을 떠났지만 어디에서도 찾지 못하고 집으로 돌아왔습니다. 그리고 자신들이 기르던 새가 파랑새임을 알게 되었습니다. 따라서 (1)의 내용은 알맞지 않습니다.

04 이웃집 할머니가 기뻐하며 딸과 함께 찾아온 모습을 통해 ㉠에는 "우리 딸의 병이 나았어!"라는 말이 들어가야 알맞습니다.

05 틸틸과 미틸이 욕심을 부리다 파랑새를 찾지 못했다는 (2)의 내용은 글의 내용을 바르게 이해하지 못한 것입니다. 이 글은 틸틸과 미틸이 자신들이 기르던 새가 파랑새임을 알게 되는 것을 통해 행복은 멀리 있지 않고 가까이 있다는 것을 일깨워 줍니다.

06 일이 일어난 차례에 따라 글의 내용을 요약해 봅니다.

| 어휘력 더하기 |

이름을 나타내는 말 '자매'는 언니와 여동생, '형제'는 형과 남동생, '남매'는 오빠와 여동생 사이를 이르는 말입니다.
뜻이 비슷한 말 (1)의 '기르다'는 '키우다', (2)의 '들어주다'는 '받아들이다', (3)의 '건네다'는 '주다'와 뜻이 비슷합니다.

2일 작지만 확실한 행복 찾기
15-17쪽

어휘 알기
출산, 좇다, 소소하다

독해력 기르기
01 ②
02 (3) ○   03 ②
04 (3) ○
05 (2) ○
06 ① 확실한 ② 다르다 ③ 쉽게

어휘력 더하기
뜻이 비슷한 말 (1) 추구하다 (2) 작은 (3) 삶
뜻이 여러 개인 말 (1) ② (2) ③ (3) ①

| 독해력 기르기 |

01 이 글에서 가장 중심이 되는 말은 '행복'입니다.

02 이 글은 일상생활에서 찾을 수 있는 작지만 확실한 행복에 대해 알려 주기 위해 쓴 글입니다.

03 이 글에서 결혼이나 출산, 중요한 시험에 합격하는 것 등은 인생에서 맞이하는 '큰일'로 생활 속에서 찾을 수 있는 소소한 행복과는 다른 예로 제시했습니다. 따라서 ②가 알맞지 않습니다.

04 소소한 행복은 누구나 쉽게 찾을 수 있기 때문에 사람들은 크고 불확실한 행복보다 작은 행복을 좇는다고 했습니다.

05 이 글에서 제시한 예를 통해 사람들이 행복을 느끼는 순간은 저마다 다르다는 것을 알 수 있습니다. 따라서 (1)의 내용은 알맞지 않습니다.

06 '작지만 확실한 행복'이 무엇이고 사람들이 그것을 좇는 까닭은 무엇인지를 중심으로 글의 내용을 요약해 봅니다.

| 어휘력 더하기 |

뜻이 비슷한 말 (1)의 '좇다'는 '추구하다', (2)의 '소소한'은 '작은', (3)의 '인생'은 '삶'과 뜻이 비슷합니다.
뜻이 여러 개인 말 '번지다'는 여러 가지 뜻으로 쓰입니다. (1)에서는 '병이나 불, 전쟁 등이 차차 넓게 옮아가다.', (2)에서는 '풍습, 풍조, 불만 등이 어떤 사회 전체에 차차 퍼지다.', (3)에서는 '액체가 묻어서 차차 넓게 젖어 퍼지다.'라는 뜻으로 쓰였습니다.

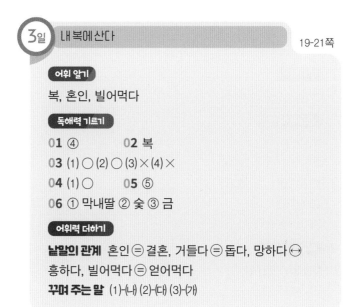

3일 내 복에 산다   19-21쪽

어휘 알기

복, 혼인, 빌어먹다

독해력 기르기

01 ④   **02** 복

03 (1) ○ (2) ○ (3) × (4) ×

04 (1) ○   **05** ⑤

06 ① 막내딸 ② 숯 ③ 금

어휘력 더하기

낱말의 관계 혼인 ⊜ 결혼, 거들다 ⊜ 돕다, 망하다 ↔

흥하다, 빌어먹다 ⊜ 얻어먹다

꾸며 주는 말 (1)-(나) (2)-(다) (3)-(가)

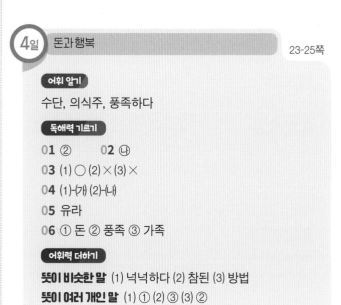

4일 돈과 행복   23-25쪽

어휘 알기

수단, 의식주, 풍족하다

독해력 기르기

01 ②   **02** ㉯

03 (1) ○ (2) × (3) ×

04 (1)-(가) (2)-(나)

05 유라

06 ① 돈 ② 풍족 ③ 가족

어휘력 더하기

뜻이 비슷한 말 (1) 넉넉하다 (2) 참된 (3) 방법

뜻이 여러 개인 말 (1) ① (2) ③ (3) ②

| 독해력 기르기 |

01 이 글은 막내딸을 중심으로 사건이 펼쳐지고 있으므로 중심인
물은 막내딸입니다.

02 막내딸은 누구 덕에 잘사느냐는 아버지의 물음에 자기 복에
산다고 말했다가 집에서 쫓겨났습니다.

03 막내딸은 남편과 의논해 금을 내다 팔았고, 부자 영감이 망하
고 떠돌다 막내딸의 집까지 오게 되었으므로 (3)과 (4)의 내용
은 알맞지 않습니다.

04 막내딸이 아버지의 눈치를 보지 않고 솔직하게 의견을 말하
는 모습이나, 쫓겨나서도 스스로 살아갈 방법을 찾는 모습을
통해 막내딸은 자신의 뜻에 따라 살아가는 당당한 인물이라는
것을 알 수 있습니다. (2)와 (3)은 막내딸의 모습과는 거리가 먼
내용입니다.

05 이 글은 막내딸의 모습을 통해 자신의 삶과 행복은 스스로 만
들어 가는 것이라는 교훈을 줍니다.

06 일이 일어난 차례에 따라 글의 내용을 요약해 봅니다.

| 어휘력 더하기 |

낱말의 관계 '혼인'과 '결혼', '거들다'와 '돕다', '빌어먹다'와 '얻어먹
다'는 뜻이 비슷한 말이고 '망하다'와 '흥하다'는 뜻이 서로 반대되
는 말입니다.

꾸며 주는 말 (1)에서 '걸었다'를 꾸며 주는 말은 '터덜터덜', (2)에서
'망했다'를 꾸며 주는 말은 '쫄딱', (3)에서 '껴안았다'를 꾸며 주는
말은 '와락'이 알맞습니다.

| 독해력 기르기 |

01 이 글의 토론 주제는 '돈이 많아야 행복할까?'입니다.

02 민우는 토론 주제를 소개하고 토론을 진행하는 '사회자' 역할을
하고 있습니다.

03 준서는 돈이 많을수록 더 행복해질 수 있다고 주장하고, 유라
는 돈이 많다고 꼭 행복한 것은 아니라고 주장하므로 (2)와 (3)
의 내용은 알맞지 않습니다.

04 돈이 많을수록 더 행복해질 수 있다는 주장의 근거로는 돈이 많
으면 다양한 선택을 할 수 있고 풍족하게 살 수 있다는 내용이
알맞고, 돈이 많다고 꼭 행복한 것은 아니라는 주장의 근거로
는 친구나 가족 등 돈으로 살 수 없는 중요한 것도 많다는 내용
이 알맞습니다.

05 제시된 글에서 행복을 결정짓는 큰 요인은 돈보다 긍정적인
삶의 태도라고 했으므로 유라의 의견을 뒷받침하기에 알맞습
니다.

06 주제에 대한 주장과 근거를 중심으로 글의 내용을 요약해 봅니다.

| 어휘력 더하기 |

뜻이 비슷한 말 (1)의 '풍족하다'는 '넉넉하다', (2)의 '진정한'은 '참된',
(3)의 '수단'은 '방법'과 뜻이 비슷합니다.

뜻이 여러 개인 말 '사다'는 여러 가지 뜻으로 쓰입니다. (1)에서는
'값을 치르고 어떤 물건이나 권리를 자기 것으로 만들다.', (2)에서
는 '다른 사람에게 어떤 감정을 가지게 하다.', (3)에서는 '다른 사람
의 태도나 어떤 일의 가치를 인정하다.'라는 뜻으로 쓰였습니다.

5일 행복해지는 방법　　　　　　　　　27-29쪽

어휘 알기

취미, 친밀감, 메우다

독해력 기르기

01 ㉡　　**02** (3) ○

03 (1) ○ (2) × (3) ○

04 ㉢　　**05** (2) ○

06 ① 욕심 ② 사랑 ③ 친밀감

어휘력 더하기

욕심에 대한 속담 (1) 바다(는 메워도 사람의) 욕심(은 못 채운다) (2) 아홉 (가진 놈이) 하나 (가진 놈 부러워한다)

헷갈리는 말 (1) 추웠던지 (2) 크든 작든 (3) 가든지 말든지

| 독해력 기르기 |

01 이 글은 여러 사람 앞에서 자기 주장이나 의견을 말하기 위해 쓴 연설문입니다.

02 앞의 문장에서 누군가가 글쓴이에게 어떻게 하면 행복해질 수 있느냐고 물었고 글쓴이는 그것에 대해 생각했다고 했습니다.

03 글쓴이는 사람은 혼자 살 수 없고 다른 사람과 관계를 맺으며 살아가기 때문에 비슷한 생각이나 취미를 가진 친구들과 어울리며 친밀감을 느끼는 것이 큰 행복이 될 수 있다고 했습니다. 따라서 (2)의 내용은 알맞지 않습니다.

04 제시된 사례는 자신의 장점을 찾아보고 자신감을 얻었다는 내용이므로 ㉢을 실천한 것으로 볼 수 있습니다.

05 글쓴이는 행복해지기 위해 스스로 노력해야 한다고 했습니다. 이와 비슷한 의견을 말한 것은 (2)가 알맞습니다.

06 행복해지는 방법을 중심으로 글의 내용을 요약해 봅니다.

| 어휘력 더하기 |

욕심에 대한 속담 빈칸에 알맞은 말을 써넣어 욕심에 대한 속담을 배워 봅니다.

헷갈리는 말 '-든, -든지'와 '-던, -던지'를 구별하려면 선택을 나타내는 문장인지 과거의 일을 떠올리는 문장인지를 살펴봅니다. (1)은 과거의 경험을 떠올리는 것이므로 '추웠던지'가 알맞고 (2)와 (3)은 어느 것이 되든 상관이 없다는 뜻이므로 (2) '크든 작든', (3) '가든지 말든지'가 알맞습니다.

1일 좁쌀 한 톨로 장가간 총각　　　　　　33-35쪽

어휘 알기

받히다, 당차다, 어이없다

독해력 기르기

01 좁쌀

02 ㉯→㉮→㉱→㉲

03 아인　　**04** (2) ○

05 (1) ○

06 ① 주막 ② 쥐 ③ 황소

어휘력 더하기

뜻이 여러 개인 말 (1) ① (2) ③ (3) ②

모양이 같은 말 (1)-㉯ (2)-㉮

| 독해력 기르기 |

01 이 글의 주인공 총각은 좁쌀 한 톨을 가지고 길을 떠났습니다.

02 총각은 주막에 들러 좁쌀을 맡기고 쥐를, 쥐를 맡기고 고양이를, 고양이를 맡기고 당나귀를, 당나귀를 맡기고 황소를 얻어 길을 갔습니다.

03 총각이 길을 떠나는 모습을 통해 옛날에는 걸어서 먼 길을 갔고, 길을 가다 날이 저물면 주막이라는 곳에서 쉬었다 가기도 했다는 것을 알 수 있습니다. 아인이가 말한 내용은 이 글을 통해 알 수 있는 옛사람들의 생활 모습으로 알맞지 않습니다.

04 이 글에서 총각이 주막 주인이나 부자 영감에게 자신의 요구 사항을 말하는 모습을 보면 매우 당당하다는 것을 알 수 있습니다.

05 앞에서 부자 영감은 총각의 당차고 씩씩한 모습이 마음에 들었다고 했으므로 뒤에 이어질 내용으로는 총각이 부자 영감의 딸과 결혼해 행복하게 살았을 것이라고 짐작한 (1)의 내용이 알맞습니다.

06 일이 일어난 차례에 따라 글의 내용을 요약해 봅니다.

| 어휘력 더하기 |

뜻이 여러 개인 말 '잡다'는 여러 가지 뜻으로 쓰입니다. (1)에서는 '손으로 움키고 놓지 않다.', (2)에서는 '자동차 등을 타기 위해 세우다.', (3)에서는 '짐승을 죽이다.'라는 뜻으로 쓰였습니다.

모양이 같은 말 (1)의 '이르다'는 '어떤 장소나 시간에 닿다.'는 뜻이고 (2)의 '이르다'는 '무엇이라고 말하다.'는 뜻입니다.

2일 바퀴와 수레에서 자동차까지

37-39쪽

어휘 알기

살, 증기, 바퀴

독해력 기르기

01 (3) ○

02 ㉯ → ㉰ → ㉮ → ㉱

03 수레   **04** ③

05 시원

06 ① 통나무 ② 말 ③ 자동차

어휘력 더하기

움직임을 나타내는 말 (1) 굴리다 (2) 파다 (3) 싣다

합쳐진 말 비탈+길, 교통+수단

3일 비행기를 만든 라이트 형제

41-43쪽

어휘 알기

항공, 동력, 추락하다, 글라이더

독해력 기르기

01 (1)-㈏ (2)-㈎

02 (1) ○ (2) × (3) ○

03 (1) ○ (4) ○

04 지수

05 ① 자전거 ② 비행기 ③ 플라이어

어휘력 더하기

이름을 나타내는 말 (글)라이더, 헬리콥(터), 비행기

모양이 같은 말 (1)-㈏ (2)-㈎

| 독해력 기르기 |

01 이 글은 바퀴의 발명에서 자동차까지 교통수단의 발달 과정을 알려 주기 위해 쓴 글입니다.

02 바퀴는 통나무 굴림대에서 원통 바퀴, 나무 판 바퀴, 바퀴 살이 달린 바퀴 형태로 발달했습니다.

03 제시된 내용은 수레에 관한 것입니다.

04 소나 말이 끌던 수레를 이용하다가 과학 기술이 발달하면서 기계의 힘을 이용한 탈것이 만들어졌다고 했습니다. 따라서 ㉠ 동물의 힘으로 움직이던 바퀴가 ㉡ 기계의 힘으로 움직이기 시작했다는 것을 알 수 있습니다.

05 주어진 그림은 말이 끄는 탈것에서 기계의 힘으로 움직이는 탈것으로 교통수단이 발달한 모습입니다. 교통수단의 발달로 사람들은 더 먼 곳까지 빠르게 갈 수 있게 되었음을 짐작할 수 있으므로 소희가 말한 내용은 알맞지 않습니다.

06 바퀴의 발명에서 자동차까지 교통수단의 발달 과정을 중심으로 글의 내용을 요약해 봅니다.

| 어휘력 더하기 |

움직임을 나타내는 말 (1)은 통나무를 굴리는 모습이므로 '굴리다'가 알맞고 (2)는 삽으로 땅을 파는 모습이므로 '파다'가 알맞습니다. (3)은 수레에 짐을 싣는 모습이므로 '싣다'가 알맞습니다.

합쳐진 말 '비탈길'은 산이나 언덕처럼 기울어진 곳을 뜻하는 '비탈'과 '길'이 합쳐진 말이고, '교통수단'은 '교통'과 어떤 목적을 이루기 위해 쓰는 도구를 뜻하는 '수단'이 합쳐진 말입니다.

| 독해력 기르기 |

01 라이트 형제는 어릴 때 장난감 헬리콥터에 푹 빠져 헬리콥터를 만들어 갖고 놀기도 했는데 이때의 경험이 비행에 대한 호기심의 시작이었습니다. 글라이더를 타고 하늘을 날다 죽은 독일 사람의 사고 소식을 듣고 비행기를 만드는 일에 관심을 갖게 되었습니다.

02 라이트 형제가 만든 '플라이어호'는 엔진과 프로펠러가 달려 있어 바람이 불지 않아도 스스로 하늘을 날 수 있었습니다. 따라서 (2)의 내용은 알맞지 않습니다.

03 이 글에 나온 라이트 형제의 업적을 통해 라이트 형제는 세계 최초로 동력 비행기를 타고 하늘을 난 인물이자 항공 시대를 연 인물로 평가할 수 있습니다.

04 라이트 형제가 자전거 수리점을 하다가 비행기에 관심을 갖게 된 것을 싫증을 잘 내고 끈기가 없다라고 한 지수의 말은 알맞지 않습니다. 새로운 것에 계속 도전하는 모습으로 볼 수 있습니다.

05 라이트 형제가 한 일을 중심으로 글의 내용을 요약해 봅니다.

| 어휘력 더하기 |

이름을 나타내는 말 글라이더, 헬리콥터, 비행기는 모두 하늘에서 이용하는 교통수단입니다.

모양이 같은 말 (1)의 '비행'은 잘못되거나 그릇된 행위를 뜻하고, (2)의 '비행'은 공중으로 날아다니는 것을 뜻합니다.

어휘 알기

일주, 증기선, 신중하다

독해력 기르기

01 (2) ○   **02** ③

03 세계 일주

04 (1) ✕ (2) ○ (3) ○

05 주연

06 ① 포그 ② 내기 ③ 교통수단

어휘력 더하기

낱말의 반대말 꺼리(다), 허술(하다), 내리(다)

올바른 띄어쓰기 (3) ○

| 독해력 기르기 |

01 이 글은 책을 읽고 자기 생각이나 느낌을 적은 독서 감상문입니다.

02 이 글에 책을 읽은 날짜는 나와 있지 않습니다.

03 글쓴이가 읽은 『80일간의 세계 일주』는 주인공 필리어스 포그가 내기를 걸고 80일 만에 세계 일주를 하는 내용입니다.

04 글쓴이가 책을 읽고 가장 인상 깊었던 점은 주인공이 다양한 교통수단을 이용해 여행하는 모습이라고 했으므로 (1)의 내용은 알맞지 않습니다.

05 포그가 발명한 교통수단이 궁금해서 책을 읽어 보고 싶다고 말한 주연이는 이 글의 내용을 바르게 이해하지 못했습니다. 이 글에서 포그는 교통수단을 발명한 것이 아니라 다양한 교통수단을 이용해 여행을 했다고 했습니다.

06 독서 감상문의 짜임인 책을 읽게 된 동기, 책의 줄거리, 느낀 점에 따라 글의 내용을 요약해 봅니다.

| 어휘력 더하기 |

낱말의 반대말 '즐기다'의 반대말은 '꺼리다', '치밀하다'의 반대말은 '허술하다', '타다'의 반대말은 '내리다'가 알맞습니다.

올바른 띄어쓰기 (1)의 '2년만에'는 '2년 만에'로 띄어 써야 하고, (2)의 '3년만에'는 '3년 만에'로 띄어 써야 합니다.

어휘 알기

진공, 저항, 자기력

독해력 기르기

01 빠른, 열차   **02** (1) ○ (2) ○ (3) ✕

03 (2) ○ (3) ○   **04** ③

05 수진

06 ① 하이퍼루프 ② 태양광 ③ 환경 오염

어휘력 더하기

외(外)가 들어간 낱말 (외)벽, (외)출, 해(외)

낱말의 관계 고속 ⟷ 저속, 주목받다 ⊜ 관심받다, 띄우다 ⟷ 가라앉히다, 운행하다 ⊜ 다니다

| 독해력 기르기 |

01 하이퍼루프는 진공 터널 안을 매우 빠른 속도로 달리는 열차입니다.

02 마지막 문단에서 하이퍼루프는 안전성 등 아직 해결해야 할 문제가 남아 있다고 했으므로 (3)의 내용은 알맞지 않습니다.

03 하이퍼루프가 빠른 속도로 달릴 수 있는 까닭은 진공 상태의 터널 안을 달려서 공기의 저항을 거의 받지 않고, 진공 상태에서 자기력을 이용해 차량을 바닥에서 살짝 띄워 운행하기 때문이라고 했습니다. (1) 태양광 에너지를 이용한다는 내용은 하이퍼루프의 친환경적인 특징을 뒷받침하는 내용입니다.

04 뒤에 이어지는 문장에서 하이퍼루프를 운행하는 데 필요한 전기를 환경을 오염시키지 않는 태양광에서 얻는다고 했으므로 ㉠에는 '친환경적이라는'이 들어가야 알맞습니다.

05 하이퍼루프는 우주로 갈 수 있는 교통수단이 아니므로 수진이가 말한 내용은 알맞지 않습니다.

06 하이퍼루프가 무엇이고, 어떤 특징이 있는지를 중심으로 글의 내용을 요약해 봅니다.

| 어휘력 더하기 |

외(外)가 들어간 낱말 빈칸에 알맞은 글자를 써넣어 외(外)가 들어간 한자어를 익혀 봅니다.

낱말의 관계 '고속'과 '저속', '띄우다'와 '가라앉히다'는 뜻이 서로 반대되는 말이고 '주목받다'와 '관심받다', '운행하다'와 '다니다'는 뜻이 비슷한 말입니다.

1일 보물섬
55-57쪽

어휘 알기

항구, 치켜들다, 들이닥치다

독해력 기르기

01 (1) ◯ (2) ✕ (3) ◯
02 ㉣ → ㉮ → ㉯ → ㉰
03 ③   **04** (2) ◯
05 진영
06 ① 본즈 ② 짐 ③ 보물 지도

어휘력 더하기

이름을 나타내는 말 (1) 산등성이 (2) 섬 (3) 곶
흉내 내는 말 (1) 부들부들 (2) 두근두근 (3) 부들부들

| 독해력 기르기 |

01 짐은 엄마와 함께 여관을 운영한다는 것을 알 수 있습니다.
02 ㉣ 본즈 선장이 쓰러져 죽자 ㉮ 짐과 엄마는 밀린 방세를 챙기기 위해 선장의 궤짝에서 은화와 서류 꾸러미를 꺼냈습니다. ㉯ 해적들이 들이닥쳐 선장의 짐을 뒤지다 찾는 물건이 없다며 화를 냈고 ㉰ 짐은 서류 꾸러미를 들고 리브지 선생을 찾아갔습니다.
03 이 글의 내용을 볼 때, 해적들이 찾는 물건은 보물 지도가 그려진 꾸러미라는 것을 알 수 있습니다. 짐이 먼저 꾸러미를 손에 넣어 해적들이 화가 났습니다.
04 보물 지도에는 보물이 숨겨진 섬의 위치뿐만 아니라 섬 안에 보물이 있는 곳의 위치가 표시되어 있었으므로 (1)의 내용은 알맞지 않습니다.
05 짐이 손에 넣은 보물 지도는 해적왕 플린트의 보물 지도이고 본즈 선장은 이것을 가지고 있다가 죽었습니다. 따라서 강민이는 이야기의 내용을 잘못 이해하고 말했습니다.
06 일이 일어난 차례에 따라 글의 내용을 요약해 봅니다.

| 어휘력 더하기 |

이름을 나타내는 말 땅의 모양과 관련 있는 낱말의 뜻을 보고, 그림에 해당하는 부분의 이름을 써 봅니다.
흉내 내는 말 (1)과 (3)에는 몸을 자꾸 크게 부르르 떠는 모양을 나타내는 '부들부들'이, (2)에는 몹시 놀라거나 불안하여 가슴이 뛰는 소리나 모양을 나타내는 '두근두근'이 들어가야 알맞습니다.

2일 지도야, 고마워
59-61쪽

어휘 알기

아쉽다, 당일치기, 돌아보다

독해력 기르기

01 (1) ◯
03 ④
04 ④
05 ① 경주 ② 안내도 ③ 관광

02
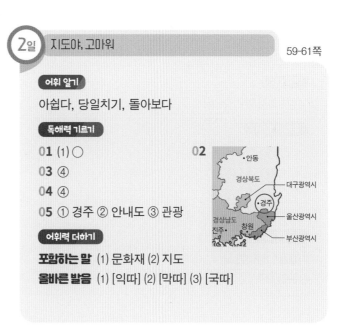

어휘력 더하기

포함하는 말 (1) 문화재 (2) 지도
올바른 발음 (1) [익따] (2) [막따] (3) [국따]

| 독해력 기르기 |

01 이 글은 경주로 당일치기 여행을 다녀온 일을 주제로 쓴 일기입니다.
02 글쓴이는 경주로 여행을 다녀왔습니다. 우리나라에는 경기도, 강원도, 충청남도, 충청북도, 전라남도, 전라북도, 경상남도, 경상북도의 8개 도가 있는데 경주는 이 중 경상북도에 속해 있습니다. 경상북도는 서울을 기준으로 남동쪽에 위치하고 있습니다. 주어진 지도에서 경상북도를 찾은 다음 경주를 찾아봅니다.
03 글쓴이는 경주 관광 안내도를 통해 첨성대와 경주 월성, 석빙고의 위치를 알 수 있었다고 했습니다. 경주 관광 안내도로 식당을 찾아보았다는 내용은 나오지 않으므로 ④는 알맞지 않습니다.
04 경주에서 볼 만한 신라 시대 문화재나 유적지를 알아보려면 경주 관광 안내도를 활용하는 것이 알맞습니다. 관광 안내도처럼 특정한 부분을 주제로 만든 지도를 주제도라고 합니다.
05 글쓴이가 지도를 이용해 한 일을 중심으로 글의 내용을 요약해 봅니다.

| 어휘력 더하기 |

포함하는 말 (1) 석빙고, 첨성대, 경주 월성을 포함하는 말은 '문화재'가 알맞고 (2) 관광 안내도, 지하철 노선도, 박물관 안내도를 포함하는 말은 '지도'가 알맞습니다.
올바른 발음 '읽다'는 [익따], '맑다'는 [막따], '굵다'는 [국따]로 발음합니다.

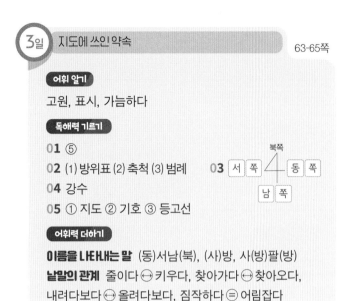

어휘 알기

고원, 표시, 가늠하다

독해력 기르기

01 ⑤

02 (1) 방위표 (2) 축척 (3) 범례   03 서 쪽 / 동 쪽 (북쪽, 남쪽)

04 강수

05 ① 지도 ② 기호 ③ 등고선

어휘력 더하기

이름을 나타내는 말 (동)서남(북), (사)방, 사(방)팔(방)

낱말의 관계 줄이다 ↔ 키우다, 찾아가다 ↔ 찾아오다,
내려다보다 ↔ 올려다보다, 짐작하다 ≒ 어림잡다

| 독해력 기르기 |

01 지도를 볼 때는 축척, 방위표, 기호와 범례, 등고선과 색깔을 살펴봐야 한다고 했습니다. 지도의 크기를 살펴봐야 한다는 내용은 나오지 않습니다.

02 지도에서 방향의 위치를 나타내는 표시는 '방위표'이고, 실제 거리를 줄인 정도를 나타내는 것은 '축척'입니다. 지도에 쓰인 기호의 뜻을 알려 주는 것은 '범례'입니다.

03 방위표의 위쪽은 '북쪽', 오른쪽은 '동쪽', 왼쪽은 '서쪽', 아래쪽은 '남쪽'입니다.

04 고장에 있는 산의 높이를 알아보기 위해 축척을 보았다고 말한 강수는 지도를 바르게 읽지 못했습니다. 축척은 지도에서 실제 거리를 줄인 정도를 나타낸 것입니다. 산의 높낮이를 알려면 등고선과 색깔을 살펴봐야 합니다.

05 지도의 뜻과 지도에 쓰인 약속을 중심으로 글의 내용을 요약해 봅니다.

| 어휘력 더하기 |

이름을 나타내는 말 '동서남북'은 동쪽, 서쪽, 남쪽, 북쪽, 즉 모든 방향을 뜻하는 말이고 '사방'은 동, 서, 남, 북의 네 방위를 통틀어 이르는 말입니다. '사방팔방'은 여기저기 모든 방향이나 방면을 뜻하는 말입니다.

낱말의 관계 '줄이다'와 '키우다', '찾아가다'와 '찾아오다', '내려다보다'와 '올려다보다'는 뜻이 서로 반대되는 말이고 '짐작하다'와 '어림잡다'는 뜻이 비슷한 말입니다.

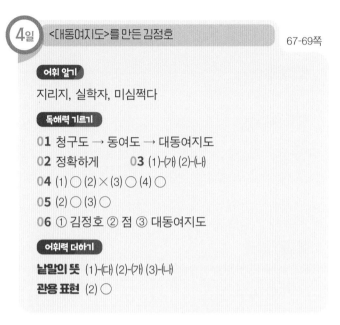

어휘 알기

지리지, 실학자, 미심쩍다

독해력 기르기

01 청구도 → 동여도 → 대동여지도

02 정확하게   03 (1)-(개) (2)-(나)

04 (1) ○ (2) × (3) ○ (4) ○

05 (2) ○ (3) ○

06 ① 김정호 ② 점 ③ 대동여지도

어휘력 더하기

낱말의 뜻 (1)-(다) (2)-(개) (3)-(나)

관용 표현 (2) ○

| 독해력 기르기 |

01 김정호는 전국의 모습을 그린 <청구도>에 이어 <동여도>를 완성했고, 이후 <대동여지도>를 완성했습니다.

02 김정호가 지도를 그리다가 미심쩍은 부분이 있으면 먼 곳이라도 직접 가서 확인한 것은 우리나라의 모습을 더 정확하게 그리고 싶었기 때문입니다.

03 최한기와 신헌은 모두 김정호가 지도를 만드는 데 도움을 준 인물입니다. 최한기는 지도와 지리에 관한 책을 많이 구해 주었고, 신헌은 궁궐에 있는 지리지를 보여 주었습니다.

04 <청구도>는 전국의 모습을 그린 지도입니다. 따라서 (2)의 내용은 알맞지 않습니다.

05 <대동여지도>는 나무 판에 새겨 종이에 찍어 낼 수 있게 만든 지도이고, 22권의 책자 형태로 만들어져 모두 펼치면 우리나라 전체 지도가 완성됩니다. 따라서 (1)의 내용은 알맞지 않습니다.

06 김정호가 <대동여지도>를 완성하기까지 한 일을 중심으로 글의 내용을 요약해 봅니다.

| 어휘력 더하기 |

낱말의 뜻 주어진 낱말의 뜻을 설명하는 데 필요한 말을 찾아 선으로 바르게 이어 봅니다.

관용 표현 '넋을 잃다'는 어떤 사물을 보는 데 열중하여 정신이 없다는 뜻입니다.

5일 오늘날의 지도
71-73쪽

어휘 알기

정밀, 디지털, 파악하다

독해력 기르기

01 (2) ◯
02 (1) ◯ (2) ✕ (3) ◯ (4) ✕
03 인공위성   **04** (3) ◯
05 (2) ◯
06 ① 디지털 지도 ② 위치 ③ 편리

어휘력 더하기

뜻을 더하는 말 목적(지), 출생(지), 관광(지)
틀리기 쉬운 말 (1) 친구예요 (2) 거예요 (3) 책이에요

| 독해력 기르기 |

01 이 글은 디지털 지도가 무엇이고 어떻게 쓰이는지에 대해 알려 줍니다.

02 오늘날에는 종이 지도보다 디지털 지도가 더 많이 쓰이고, 초정밀 디지털 지도에는 큰 건물이나 도로의 위치뿐만 아니라 차선의 너비, 신호등 같은 주변 사물에 대한 정보까지 담고 있다고 했으므로 (2)와 (4)의 내용은 알맞지 않습니다.

03 지피에스(GPS)는 인공위성에서 보내는 신호를 받아 위치를 파악하는 시스템입니다.

04 친구가 이용한 것은 디지털 지도를 이용한 지도 앱에서 실제 거리 모습을 볼 수 있는 '로드 뷰' 기능입니다.

05 이 글을 통해 지도는 앞으로 더욱 발전하고 그에 따라 사람들의 생활도 더욱 편리해질 것임을 짐작할 수 있습니다. (1)은 글의 내용을 바르게 이해하지 못하고 말한 것입니다.

06 디지털 지도의 뜻과 쓰임을 중심으로 글의 내용을 요약해 봅니다.

| 어휘력 더하기 |

뜻을 더하는 말 목적으로 삼는 곳은 '목적지', 사람이 태어난 곳은 '출생지', 경치가 뛰어나거나 유적지 등이 있어 구경할 만한 곳은 '관광지'입니다.

틀리기 쉬운 말 (1)은 '친구예요', (2)는 '거예요', (3)은 '책이에요'라고 써야 합니다.

1일 홍길동전
77-79쪽

어휘 알기

종, 신분, 탐관오리

독해력 기르기

01 ⑤
02 (1) ◯
03 (1) ◯ (2) ✕ (3) ◯
04 소희
05 ① 길동 ② 종 ③ 활빈당

어휘력 더하기

낱말의 반대말 귀하다, 못나다, 온화하다
관용 표현 (1) ◯

| 독해력 기르기 |

01 홍길동은 탐관오리의 재물을 훔쳐 굶주린 백성들에게 나눠 주는 활빈당의 우두머리가 되었다는 내용이 있으므로 ⑤의 내용은 알맞지 않습니다.

02 길동이 하인들에게 무시를 당하다가 형에게 달려가, 하인들이 한 행동을 이른 상황이므로 형이 자신을 도와줄 거라는 기대를 가지고 한 행동으로 짐작할 수 있습니다.

03 길동이 처한 상황을 통해 길동이 살던 시대에는 신분에 따라 역할이 정해져 있었다는 것을 알 수 있습니다. 따라서 신분과 상관없이 누구나 하고 싶은 일을 할 수 있었다는 (2)의 내용은 알맞지 않습니다.

04 길동은 자신의 신분 때문에 하고 싶은 일을 할 수 없다는 것을 알고 크게 실망했습니다. 소희의 말은 길동의 마음을 바르게 이해하지 못한 것입니다.

05 일이 일어난 차례에 따라 글의 내용을 요약해 봅니다.

| 어휘력 더하기 |

낱말의 반대말 '천하다'의 반대말은 '귀하다', '잘나다'의 반대말은 '못나다', '싸늘하다'의 반대말은 '온화하다'가 알맞습니다.

관용 표현 '가슴이 찢어지다'는 슬픔이나 분함 때문에 가슴이 째지는 듯한 고통을 받는다는 뜻입니다. 이와 비슷한 표현으로는 '억장이 무너지다'가 알맞습니다.

2일 식량 불평등은 왜 생길까? 81-83쪽

어휘 알기

식량, 목초지, 굶주리다

독해력 기르기

01 식량 불평등
02 (1) ○ (2) ○ (3) ×
03 ②, ③　　04 ㉠
05 가영
06 ① 식량 ② 부자 ③ 농사법

어휘력 더하기

뜻을 더하는 말 농사(법), 조리(법), 사용(법)
낱말의 뜻 (1)-(나) (2)-(가)

| 독해력 기르기 |

01 이 글은 식량 불평등이 생기는 원인과 해결 방법에 대해 알려 주는 글입니다.

02 이 글에서는 식량 불평등의 원인을 가난한 나라가 부자 나라에서 먹을 음식의 재료가 되는 가축 등을 키워 파느라 곡식을 심을 땅이 부족한 점, 부자 나라에서 내뿜는 오염 물질로 인한 지구 온난화 때문에 농사짓기가 힘든 점을 제시했습니다. 따라서 식량 불평등이 가난한 나라의 잘못으로 일어난 일이라고 한 (3)의 내용은 알맞지 않습니다.

03 ☞와 ☞ 문단에서 식량 불평등의 원인을 설명하고 있습니다.

04 제시된 내용은 식량이 부족한 나라에 식량을 직접 보내는 방법이므로 ㉠의 예로 적절합니다.

05 가영이는 이 글에서 말한 식량 불평등의 원인을 바르게 이해하지 못하고 말했습니다.

06 식량 불평등이 생기는 원인과 해결 방법을 중심으로 글의 내용을 요약해 봅니다.

| 어휘력 더하기 |

뜻을 더하는 말 농사짓는 방법은 '농사법', 음식을 만드는 방법은 '조리법', 쓰는 방법은 '사용법'입니다.
낱말의 뜻 '제값'은 물건이 가지고 있는 가치에 맞는 가격을 뜻하고 '싼값'은 보통의 값보다 헐한 값을 뜻합니다.

3일 로자 파크스, 불평등에 맞서다 85-87쪽

어휘 알기

항의, 부당하다, 거부하다

독해력 기르기

01 로자 파크스
02 (2) ○　　03 (2) ○
04 ㉮ → ㉯ → ㉰ → ㉱
05 재우
06 ① 차별 ② 버스 ③ 불법

어휘력 더하기

뜻을 더하는 말 재판(일), 선거(일), 공휴(일)
낱말의 뜻 체포, 판결, 인권

| 독해력 기르기 |

01 이 글은 흑인 차별에 맞선 로자 파크스에 관한 이야기입니다.

02 이 글의 주인공 로자 파크스는 백인에게 자리를 내주라는 버스 기사의 요구를 거부해서 경찰에 체포되었습니다.

03 로자 파크스가 경찰에 체포된 이유를 볼 때, '분리에 관한 법률'은 식당이나 상점, 버스 등에서 백인과 흑인을 나누어 차별하는 법이라는 것을 알 수 있습니다.

04 ㉮ 로자는 백인에게 자리를 내주라는 버스 기사의 요구를 거부해 ㉯ 경찰에 체포되었습니다. ㉰ 로자의 체포 소식이 알려지자 백인이 아닌 다른 피부색을 가진 사람들이 버스 승차 거부 운동을 벌였고 ㉱ 마침내 '인종 분리는 불법'이라는 판결을 이끌어 냈습니다.

05 로자의 체포 소식에 그동안 피부색으로 사람을 차별하는 것에 부당함을 느끼던 사람들이 버스 승차 거부 운동에 참여하는 내용이 나오므로 민희의 말은 알맞지 않습니다.

06 인물이 한 일과 그에 따라 일어난 일을 중심으로 글의 내용을 요약해 봅니다.

| 어휘력 더하기 |

뜻을 더하는 말 재판이 열리는 날은 '재판일', 조직이나 집단의 대표자를 뽑는 날은 '선거일', 국가나 사회에서 정해 다 함께 쉬는 날은 '공휴일'입니다.
낱말의 뜻 글자를 이용해 뜻에 해당하는 낱말을 만들어 써 봅니다.

어휘 알기

분노, 갈등, 공평하다

독해력 기르기

01 (3) ✕
02 (1)-(나) (2)-(다) (3)-(가)
03 가빈
04 (2) ○
05 ① 행복 ② 안전 ③ 평등

어휘력 더하기

낱말의 뜻 (1)-(다) (2)-(나) (3)-(가)
올바른 발음 (1) [깍따] (2) [격따] (3) [묵따] (4) [닥따]

| 독해력 기르기 |

01 평등한 세상을 위해 우리가 할 일을 찾아보자는 말은 있으나 해야 할 일에 대한 내용은 이 글에 나와 있지 않습니다.
02 이 글에서 친구들은 불평등이 사라지면 좋은 점에 대해 각자의 의견을 말했습니다. 불평등이 사라지면 세상은 더 안전해질 것이라고 말한 사람은 수원, 사람들이 행복해질 것이라고 말한 사람은 가빈, 아픈 사람이 줄어들 것이라고 말한 사람은 선율이입니다.
03 제시된 내용은 장애인을 위한 시설이나 배려가 부족해 장애인들이 이동하는 데 어려움을 겪는 모습입니다. 이와 관련 있는 의견을 말한 사람은 가빈이입니다.
04 (1) 외국인 친구를 피부색에 따라 구분해서 서로 다르게 대하는 것은 평등한 세상을 위해 할 수 있는 일로 알맞지 않습니다.
05 불평등이 사라지면 좋은 점을 중심으로 글의 내용을 요약해 봅니다.

| 어휘력 더하기 |

낱말의 뜻 주어진 낱말의 뜻을 설명하는 데 필요한 말을 찾아 선으로 바르게 이어 봅니다.
올바른 발음 '깎다'는 [깍따], '겪다'는 [격따], '묶다'는 [묵따], '닦다'는 [닥따]로 발음합니다.

어휘 알기

편견, 기대, 고정관념

독해력 기르기

01 ③
02 (2) ○
03 ④
04 (1) ○
05 ① 고정관념 ② 양성평등 ③ 말

어휘력 더하기

낱말의 반대말 얌전하다, 사소하다, 바꾸다
꾸며 주는 말 (1)-(나) (2)-(가)

| 독해력 기르기 |

01 성별에 따라 차별받지 않는다는 말을 통해 양성평등에 관한 것임을 알 수 있습니다.
02 요즘에는 남자가 살림을 하기도 하고, 간호사나 유치원 교사 같은 직업을 가지기도 하며 남자의 일이라고 여겨졌던 경찰관이나 소방관 같은 직업을 여자가 가지기도 한다고 했습니다. 성별에 상관없이 직업을 고르는 사람들이 많음을 알 수 있습니다.
03 ④는 성별에 따른 차별과 고정관념이 드러나는 말이 아니므로 ㉠에 해당하지 않습니다.
04 성별에 따라 할 수 있는 놀이와 직업을 구분해야 한다는 (2)의 내용은 양성평등을 이루기 위해 할 수 있는 일로 알맞지 않습니다.
05 양성평등의 의미와 양성평등을 이루기 위한 노력을 중심으로 글의 내용을 요약해 봅니다.

| 어휘력 더하기 |

낱말의 반대말 '극성맞다'의 반대말은 '얌전하다', '중요하다'의 반대말은 '사소하다', '유지하다'의 반대말은 '바꾸다'가 알맞습니다.
꾸며 주는 말 (1)에는 '아무런 뜻이나 생각이 없이'라는 뜻의 '무심코'가, (2)에는 '전과 같이'라는 뜻의 '여전히'가 들어가는 것이 알맞습니다.